Alfons Schuhbeck • Armin Roßmeier

Kulinarisches Duell

Kochen mit Phantasie in Altbayern und Franken

Mary Hahn

© 1993 by Mary Hahn
in der F. A. Herbig Verlagsbuchhandlung GmbH, München
Alle Rechte vorbehalten
Lektorat: Gudrun Ruoff
Umschlaggestaltung: Andreas J. Mueller, München-Neufarn
Herstellung und Satz: VerlagsService Dr. Helmut Neuberger
& Karl Schaumann GmbH, Heimstetten
Druck und Binden: Jos. C. Huber KG, Dießen
ISBN 3-87287-401-2

Inhalt

Fränkisches Vorwort	4
Bayerisches Vorwort	5
Suppen	6
Kalte Hauptspeisen	28
Warme Hauptspeisen	42
Typische Beilagen	88
Süßspeisen	112
Küchenglossar	128

Fränkisches Vorwort

Die Küche in Franken gehört zu den wohl bekanntesten Regionalküchen in Deutschland. Gepflegte Tradition zeichnet bürgerlichen Standard mit kulinarischem Flair aus. Eingebettet zwischen Rhein und Donau liegt das Knoblauchland – das Reich der Zwiebeltreter, das Tal des goldenen Weins, die Speisekammer der deutschen Küche.

An den Früchten soll man sie erkennen, die »Vier-Jahreszeiten«, aber nirgends sonst ist dies so möglich wie in Franken. Die bäuerlichen Märkte in den großen, aber auch kleinen Städten, sind Gütezeichen landwirtschaftlichen Könnens. Hier wächst und gedeiht der edle, heimische Spargel, genauso wie das einfache, aber dennoch herzhafte Kraut. Dieser Reichtum an kulinarischen Bodenschätzen prägte schon immer die Gastlichkeit der Franken und ließ sie Feste feiern, wie sie fallen.

Ober-, Mittel- und Unterfranken, drei Regionen, aber eine Küche, ein Geschmack. Kleine kulinarische Rivalitäten erhöhen nur den Stellenwert, schmälern aber nicht den jeweiligen Charakter. So ist es verständlich, daß in Oberfranken, aber auch in Mittelfranken, Bier bei der Zubereitung der Speisen eine Rolle spielt, in Unterfranken dagegen der Wein dominiert.

Wer kennt sie nicht, die fränkischen Wurstspezialitäten. Blut- und Leberwurst, sämtliche Arten von Preßsack und nicht zu vergessen die vielen Arten der Bratwurst, zeichnen das meisterliche Fleischerhandwerk aus. Das herzhafte Brot aus Steinbacköfen, vor allem die große Auswahl machen jede »Brotzeit« zum Erlebnis.

Da in Franken alles reichlich vorhanden ist, wird auch gerne, meist viel zu oft, über die »Stränge« geschlagen. Da man aber heute nicht mehr so körperlich arbeitet wie zu der Zeit, als die fränkische Küche entstand, sollte man diese Gerichte als wirkliche Schmankerl genießen. Denn die fränkische Küche ist etwas besonderes. Und die Devise »zweimal Fleisch pro Woche«, die einst aus der Not entstand, sollten wir der Gesundheit zuliebe doch prompt übernehmen.

Alles andere wird rücksichtslos täglich auf den Tisch gebracht.: viel Gemüse, Salate, Kartoffeln und Getreide und vor allem das heimische, köstliche Obst. Und nicht zuletzt gilt der Dank für die edlen Tropfen aus Franken unseren Winzern und Bauern. Zum Wohl!

Ihr Armin Roßmeier

Bayerisches Vorwort

Wir Oberbayern haben zwar ein gesundes Selbstbewußtsein, aber gegenüber den Franken einen großen Nachteil: Wir können uns nicht so gut selber loben. Dafür trösten wir uns aber mit unserer herausragenden Tugend der Bescheidenheit.

Das trifft natürlich auch auf die oberbayerische Küche zu, für die gilt: »Es gibt nix Bessers als was Guats«. Aus diesem »Upperbavarian understatement« heraus pflegen wir auch an die Namen vieler Speisen ein verkleinerndes »erl« dranzuhängen. Das geht dann von einem winzigen »Magentratzerl« bis zu einem ausgewachsenen »Martiniganserl« und von einem zarten gegrillten »Gockerl« über ein fein gefülltes »Kalbsbrüsterl« bis zu einem deftigen, im Kraut gekochten »Surhaxl«.

Die Küche Bayerns ist freilich keineswegs so eintönig, wie sie nach einem – von den zahllosen Volksfest-Schmausereien geprägten – Klischee der Hendl-Haxn-Würstl-Seligkeit gern dargestellt wird. Sie ist allerdings auch nicht einheitlich, weil Oberbayern eigentlich – bescheiden ausgedrückt – beinah ein »Kontinenterl« ist.

Je nach den bei uns recht unterschiedlichen Höhen, Böden und klimatischen Bedingungen, hat die oberbayerische Landwirtschaft und damit die traditionelle Küche andere Schwerpunkte. Da der größte Teil Altbayerns über 800 Jahre von den Wittelsbacher Herzögen, Kurfürsten und Königen regiert wurde, hatte es – im allgemeinen und abgesehen von den armen Alpentälern – weit reichere Bauern und auf Grund der Erbgesetze auch größere Höfe als das immer zersplitterte und von vielerlei kleinen Feudalherren ausgesaugte Franken. Reichere Bauern konnten aber mehr Vieh halten, öfter schlachten, mehr Fleisch essen und für Mehlspeisen tiefer in den Schmalztopf greifen.

Dafür haben sie freilich weniger Mühe und Kunstfertigkeit als die ärmeren Franken darauf verwendet, auch noch das letzte »Flinserl« Fleisch zu einer haltbaren Wurst zu verarbeiten oder aus Gemüse mehr zu machen als nur eine leidige Beilage. Erst recht galt von den Kartoffeln der alte Spruch: »D'Erdäpfel schmeckan am besten, wenn's z'erst d'Sau g'fressen hat!«

Ihr Alfons Schuhbeck

Fränkische Suppen

Fränkische Lebernockerlsuppe 10
Suppe mit Rauchforelle
 und Zwiebeln 12
Bamberger Braunbiersuppe 14
Hallstadter Weißkrautsuppe 16
Linsensuppe mit Geräuchertem 18
Rinderbrühe mit Hackklößchen 20
Hühnerbrühe mit Pfannkuchen 22
Fränkische Hochzeitssuppe 24
Nürnberger Knoblauchsuppe 26

Bayerische Suppen

Supperl mit gebackenem Leberknödel	11
Waginger Fischsuppe	13
Petersiliengangerl mit gebratener Kalbsleber	15
Kartoffelgangerl	17
Graupensuppe mit Kalbszüngerl	19
Gemischtes Supperl mit Brätstrudel	21
Schwammerlgangerl mit Speckknödel	23
Festtagssupperl	25
Kürbisuppe mit gebratenem Feldsalat	27

Fränkische Suppen

Mit Suppe fängt die Mahlzeit an, ein wahres Wort gelassen gesprochen. In Franken schwört man darauf, daß der Magen erst aufgewärmt sein muß, bevor es so richtig los geht, was aber den Wert der Suppe auf keinen Fall schmälert.
Die Tatsache, daß reichhaltige Suppen auch gerne als Hauptgericht serviert werden, zeigt den hohen Stellenwert, den man in Franken der Suppe einräumt.
Die Palette reicht von einfachen Suppen mit Brot bis hin zur edlen Festtagssuppe. Für jeden Gaumen ist was dabei.
Mahlzeit!

Bayerische Suppen

Wenn ein Oberbayer selbstbewußt darauf pochen will, daß er auch jemand ist und etwas darstellt, dann sagt er gern: »I bin fei net auf der Brennsuppen dahergschwomma!«

Und wenn einer tief im Schlamassel sitzt, kann er leicht als Ausdruck des Mitleids hören: »Da hast dir ja eine schöne Suppen einbrockt!«

Alle diese Redensarten zeigen, wie hoch die Suppe im Kurs steht. Gerade für den ärmeren Teil der Bevölkerung war sie oft das einzige Gericht, und unter der Woche war sie nicht selten auch dazu da, Gemüsereste zu verwerten oder zum Beispiel das hart gewordene Brot in einer verkochten oder aufgeschmolzenen Brotsuppe zu »veredeln«.

Je wohlhabender die Familie und je höher der Festtag, desto aufwendiger und anspruchsvoller war dann auch die Suppe vor dem Braten.

Fränkische Lebernockerlsuppe

1 kleine Zwiebel	Knoblauch
1 EL Öl	Majoran
3 altbackene Semmeln	Pfeffer aus der Mühle
300 g Rinderleber	Muskatnuß
2 EL gehackte Petersilie	Jodsalz
1 EL gehackter Schnittlauch	1 l Fleisch- oder Gemüsebrühe
2 Eier	Zum Bestreuen frischer Schnittlauch

Die Zwiebel mit einem scharfen Messer ganz fein schneiden, in Öl glasig dünsten.
Altbackene Semmeln in Wasser kurz einweichen.
Rinderleber in Stücke schneiden und durch die feine Scheibe im Fleischwolf drehen. Leber mit den gedünsteten Zwiebeln, den gehackten Kräutern, Eiern und Gewürzen gut vermischen. Die Semmeln sehr gut ausdrücken und ebenfalls unter die Lebermasse geben. Alles gut und kräftig zu einer Klößchenmasse verarbeiten. Mit Jodsalz, Pfeffer aus der Mühle und Muskat abschmecken und mit dem Teelöffel kleine Klößchen abstechen, anschließend in die kochende Fleisch- oder Gemüsebrühe geben. Kurze Zeit ziehen lassen und zum Schluß noch mit frischem Schnittlauch bestreuen.

Supperl mit gebackenem Leberknödel

1 1/2 Liter kräftige Fleischbrühe	250 g Rinderleber
3 Scheiben Weißbrot (ohne Rinde)	Salz, Pfeffer aus der Mühle
	Majoran
1 EL Butter	Muskat
2 Eier	2 EL Semmelbrösel
2 EL Milch	Fett zum Ausbacken

Für die Leberknödel eine Scheibe Brot würfeln und in Butter anrösten. 1 Ei trennen. Restliches Brot in Milch einweichen und ausdrücken. Die Leber pürieren und mit Eigelb, Ei, eingeweichtem Brot und Brotwürfeln mischen. Mit Salz, Pfeffer, Majoran und Muskat würzen und die Mischung 30 Minuten stehen lassen. Den Teig zu kleinen Kugeln formen, in verschlagenem Eiweiß und Semmelbröseln wenden.

Fett in einer Friture oder in einem Topf auf 180° C erhitzen. Das Fett ist heiß genug, wenn an einem hineingetauchten Holzlöffelstiel kleine Blasen aufsteigen.

Die Leberknödel im Fett goldbraun ausbacken und auf Küchenkrepp abtropfen lassen. Die Fleischbrühe erhitzen und mit den gebackenen Leberknödeln servieren.

Suppe mit Rauchforelle und Zwiebeln

1 l kräftige Fischbrühe	1 große Knoblauchzehe
1 Zwiebel	1/2 Bund Schnittlauch in feinen Röllchen
2 EL Keimöl	
200 g altbackenes Bauernbrot	
2 geräucherte Forellenfilets	Jodsalz
	Pfeffer aus der Mühle

Die fertige Fischbrühe in einem Topf erhitzen und mit Jodsalz fein abschmecken.
Die Zwiebel in feine Würfel schneiden und in dem Öl leicht braun dünsten. Das Bauernbrot in dünne Scheiben schneiden und die Teller oder Suppenschüsseln damit auslegen. Kleingeschnittene Stücke von geräuchertem Forellenfilet daraufgeben, mit gehacktem Knoblauch bestreuen. Heiße Fischbrühe darübergießen, die braunen Zwiebeln gleichmäßig verteilen und mit Schnittlauch bestreuen. Pfeffer aus der Mühle ganz zum Schluß fein darüber mahlen.

Waginger Fischsuppe

300 g Zanderfilet	1 Knoblauchzehe
200 g Saiblingfilet	Zitronensaft
2 Kohlrabi	Salz
2 Stangen Lauch	Pfeffer aus der Mühle
30 g Butter	1 1/2 EL gehacktes
2 Schalotten	Basilikum
1 l Fischbrühe	50 ml süße Sahne

Zander- und Saiblingfilets in gleichgroße Stücke oder Streifen teilen. Kohlrabi und Lauch putzen und in kleine Stücke schneiden.
Butter in einem Topf zerlassen. In Streifen geschnittene Schalotten, Lauch und Kohlrabi darin glasig dünsten.
Fischbrühe und zerdrückten Knoblauch zufügen. Alles einmal aufkochen und 8 Minuten bei kleiner Hitze kochen lassen.
Fischstücke salzen, mit Zitronensaft beträufeln und im Fond etwa 2 Minuten garziehen lassen.
Die Fischstücke herausheben und auf vorgewärmten Tellern warmhalten. Die Suppe mit Salz und Pfeffer abschmecken, flüssige Sahne beigeben, kurz aufkochen lassen, über die Fischstücke geben und mit Basilikum bestreut servieren.

Bamberger Braunbiersuppe

2 Paar Bratwürste	1 Knoblauchzehe
2 altbackene Semmeln	1 EL Keimöl
20 g Butter	1/2 l Fleischbrühe
1 kleine Zwiebel	1/2 l dunkles Bier

Bratwürste braten und abkühlen lassen, anschließend in ca. 1/2 cm starke Scheiben schneiden. Altbackene Semmeln in Würfel schneiden und mit der Butter anrösten. Zwiebeln und Knoblauch fein schneiden und in Öl glasig dünsten.

Fleischbrühe und dunkles Bier erhitzen, angedünstete Zwiebeln, Bratwurstscheiben dazugeben, gut erhitzen (nicht kochen!), und zum Schluß die angerösteten Semmelwürfel darübergeben.

Petersiliengangerl mit gebratener Kalbsleber

1 Bund glatte Petersilie	80 ml Sahne
1 kl. Bund Kerbel	2 EL Butter
1 Schalotte	250 g Kalbsleber
400 ml gute Rinderbrühe	Salz
	Pfeffer
	Muskat

Petersilie und Kerbel entstielen, gut waschen. Schalotte schälen, fein würfeln, und in einem Topf mit etwas Butter glasig anschwitzen.
Geputzte Kräuter beigeben, mit Brühe auffüllen und einmal aufkochen lassen.
Im Mixer fein pürieren und durch ein Sieb passieren, flüssige Sahne und restliche Butter beigeben, gut abschmecken, einmal aufkochen lassen und nochmals mit dem Stabmixer aufschäumen.
Die Kalbsleber in Würfel, Scheiben oder Streifen schneiden, in einer Pfanne schnell von allen Seiten anbraten, herausnehmen, leicht salzen, pfeffern, mit Muskat würzen und mit dem Petersiliengangerl anrichten.

Hallstadter Weißkrautsuppe

1/2 Kopf Weißkraut	1 TL Kümmel
1 kleine Zwiebel	1 Tasse Frankenwein
100 g durchwachsener Speck	1 l Gemüsebrühe
	Jodsalz
1 EL Öl	grober Pfeffer

Weißkraut putzen, Strunk rausschneiden. Kraut in feine Blättchen schneiden.
Zwiebel und Speck in Würfel schneiden und in Öl andünsten.
Geschnittenes Kraut und Kümmel dazugeben, kurz dünsten. Zuerst mit Frankenwein und dann mit Gemüsebrühe aufgießen und 6 bis 8 Minuten köcheln lassen. Mit Jodsalz und geschrotetem schwarzen Pfeffer abschmecken.

Kartoffelgangerl

300 g Kartoffeln	100 ml Schlagsahne
(eine mehlige Sorte)	40 g leicht angewärmte
1/2 TL Majoran	Butter
1 Knoblauchzehe	2 EL steifgeschlagene
Pfeffer aus der Mühle	Sahne
Salz, Muskat	Frische Kräuter zum
1/2 l Brühe	Bestreuen

Für die Kartoffelsuppe die geschälten Kartoffeln waschen und kleinschneiden. Mit wenig Wasser, etwas Salz und Majoran in etwa 20 Minuten gar kochen. Das Kartoffelwasser abgießen, auffangen und heiß halten.
Die heißen Kartoffeln durch ein Sieb streichen. Mit zerdrücktem Knoblauch, Salz, Pfeffer und Muskat abschmecken.
Brühe, flüssige Sahne und Butter zufügen. Mit einem Schneebesen kurz durchschlagen. Eventuell etwas heißes Kartoffelwasser zugeben.
Steife Schlagsahne mit dem Schneebesen unterziehen und Suppe auf vorgewärmten Tellern mit frischen Kräutern anrichten.

Linsensuppe mit Geräuchertem

250 g geräucherter Schweinebauch	1 Knoblauchzehe
120 g braune Linsen	Majoran, Thymian, Kerbel
2 Kartoffeln	Jodsalz
1 kleines Stück Sellerie	Pfeffer aus der Mühle
1 Karotte	2 EL Essig
1/2 Stange Lauch	2 EL Mehl

Geräucherten Schweinebauch in ca. 1 ½ l leicht gesalzenem Wasser etwa 20 bis 25 Minuten kochen. Bauch herausnehmen, die über Nacht eingeweichten Linsen dazugeben und weitere 15 Minuten kochen.
Geschälte Kartoffeln, Sellerie und Karotten in Würfel, den Lauch fein schneiden und zur Linsensuppe dazugeben. Alles bis auf den Biß garen. Gehackten Knoblauch, Majoran, Thymian und Kerbel dazugeben, mit Jodsalz, Pfeffer aus der Mühle und Essig abschmecken.
2 Eßlöffel Mehl mit wenig kaltem Wasser klumpenfrei verrühren und die Suppe damit leicht sämig binden. Kurz aufkochen und den kleingeschnittenen Schweinebauch dazugeben.

Graupensuppe mit Kalbszüngerl

Für das Züngerl:
- 1 Kalbszunge (etwa 400 g)
- 1 Zwiebel
- 2 Nelken
- Salz
- 3 weiße Pfefferkörner

Für die Suppe:
- 150 g Perlgraupen
- ca. 3/4 l Brühe
- 1 Schalotte
- 1 Stange Lauch
- 100 g Sellerieknolle
- 1 Karotte
- 2 EL Butter
- 1 EL fein gewürfelter Speck
- 1 EL fein gehackte Petersilie
- Salz und Pfeffer

Die Kalbszunge unter fließendem Wasser gründlich abbürsten. In einem großen Topf mit 2 Liter Wasser geben. Zwiebel, Nelken, Salz und Pfefferkörner zufügen. Aufkochen und die Zunge 1 ½ Stunden bei kleiner Hitze garen.
In der Zwischenzeit die Perlgraupen ca. 1 Stunde in kaltem Wasser einweichen lassen, danach gut abwaschen.
Schalotten, Lauch, Sellerie und Karotte putzen, schälen und fein würfeln. In einen Topf etwas Butter geben und darin das Gemüse, Schalotten sowie den Speck anschwitzen. Die Graupen beigeben und mit Brühe auffüllen. Das Ganze kurz aufkochen lassen und ca. 25 bis 30 Minuten lang ziehen lassen, mit Salz und Pfeffer gut abschmecken.
Die fertige Kalbszunge (die Zunge ist weich, wenn sich die Spitze leicht durchstechen läßt) herausnehmen, mit eiskaltem Wasser abschrecken und sofort die Haut abziehen.
Die Kalbszunge in gleichgroße Scheiben oder Stücke schneiden und in die Graupensuppe einlegen, mit etwas fein geschnittener Petersilie servieren.

Rinderbrühe mit Hackklößchen

200 g gemischtes Hackfleisch	1 EL Schnittlauch
1 Ei	je 1 TL Dill, Estragon, Kerbel
2 gehäufte EL Semmelbrösel	Jodsalz, Pfeffer aus der Mühle
1 EL gehackte Petersilie	1 l Fleisch- oder Gemüsebrühe

Das fein durchgedrehte Hackfleisch mit dem Ei, Semmelbrösel, frischen Kräutern und Gewürzen gut vermengen. Mit Jodsalz, Pfeffer aus der Mühle abschmecken, mit dem kleinen Löffel Klößchen formen und in kochendes Salzwasser abstechen. 5 bis 6 Minuten gar ziehen lassen, mit dem Schaumlöffel herausnehmen, anschließend in die heiße Fleisch- oder Gemüsebrühe geben.
Ausgelassene Butter zum Schluß darüber verteilen und mit Grünzeug bestreuen.

Gemischtes Supperl mit Brätstrudel

Für die Suppe:	1 Stange Lauch	Für den Brätstrudel:
500 g Kalbsschwanz	100 g Sellerieknolle	2 runde Pfannkuchen
300 g Ochsenbrust	1 Knoblauchzehe	(ca. 28 cm Ø)
(oder Ochsenbein)	1 Stengel Thymian	150 g Kalbsbrät vom
250 g Hühnerklein	1 Stück unbehandelte	Metzger
1 Zwiebel	Zitronenschale	1 EL Schlagsahne
1/2 Bund glatte	1 Lorbeerblatt	1 EL fein gehackte
Petersilie	Salz	Petersilie
1 Stengel Liebstöckl	Muskat	1 Ei
1 Karotte	Pfeffer aus der Mühle	Öl zum Anbraten

Kalbsschwanz beim Kauf vom Metzger in küchengerechte Stücke zerteilen lassen.

Kalbsschwanz und Ochsenbrust in einem Topf mit 2½ l Wasser bedecken. Aufkochen und 40 Minuten bei kleiner Hitze kochen.

Hühnerklein, die halbierte und auf der Herdplatte oder in einer trockenen Pfanne gebräunte Zwiebel, Petersilie und Liebstöckel zufügen. Weitere 40 Minuten kochen.

Inzwischen Karotte, Lauch und Staudensellerie putzen. Das Gemüse in gleichgroße Stücke oder Rauten schneiden.

Das gegarte Fleisch aus der Brühe nehmen. Brühe durchsieben.

Das vorbereitete Gemüse, Knoblauch, Thymian, Zitronenschale und Lorbeer in die Brühe geben und 10 Minuten kochen.

Die Suppe mit Salz, Muskat und Pfeffer würzen, Lorbeer entfernen.

Die Pfannkuchen mit dem zuvor mit Schlagsahne und Petersilie vermischten Kalbsbrät bestreichen und zusammenrollen. Die Enden mit Ei bestreichen, in einer Pfanne etwas anbraten und dann im Backofen bei 175°C ca. 15 Minuten fertig garen. Etwas auskühlen lassen, auf Tellern anrichten und mit der heißen Brühe auffüllen.

Hühnerbrühe mit Pfannkuchen

150 g Mehl	Muskat
1 Tasse Milch	Jodsalz
2 Eier	weißer Pfeffer aus der Mühle
1 EL Petersilie	
1 EL Schnittlauch	3 EL Butterschmalz
je 1 TL Dill,	1 l Hühnerbrühe
Thymian, Kerbel,	Gehacktes Grünzeug
Estragon	zum Bestreuen

Mehl mit der Milch und den Eiern zu einem glatten, leicht flüssigen Teig kräftig verrühren. Kräuter und Gewürze dazugeben, alles gut verschlagen und mit Jodsalz und weißem Pfeffer abschmecken.
Wenig Butterschmalz in einer Pfanne erhitzen und kleine dünne Pfannkuchen darin ausbacken. Die leicht ausgekühlten Pfannkuchen zusammenrollen und fein schneiden.
Hühnerbrühe erhitzen und die geschnittenen Pfannkuchen dazugeben. Zum Schluß mit gehacktem Grünzeug bestreuen.

Schwammerlgangerl mit Speckknödel

Speckknödel:
- 6 altbackene Semmeln
- 100 ml lauwarme Milch
- 30 g Butter
- 1 kleingeschnittene Schalotte
- 1 TL fein gewürfeltes Wammerl (durchwachsener Speck)
- 1 kleines Bund gehackte Petersilie
- Salz
- Pfeffer aus der Mühle
- 3 Eier

Schwammerl:
- 350 g gemischte Schwammerl
- 80 g Butter
- 1 kleine Zwiebel
- 1 Knoblauchzehe
- 1/2 l Brühe oder Kalbsfond
- 100 ml Schlagsahne
- Salz, Muskat
- Weißer Pfeffer aus der Mühle
- 1 EL geschlagene Sahne
- 1 EL Petersilie

Für die Speckknödel die Semmeln in der lauwarmen Milch einweichen und anschließend mit den anderen Zutaten zu einer geschmeidigen Knödelmasse vermengen und glatte runde Knödel formen. In leicht kochendem Salzwasser 10 bis 15 Minuten garen.

Die Stielenden der Pilze und alle wurmigen Stellen abschneiden. Je nach Größe zerteilen. Butter in einer Pfanne erhitzen, gewürfelte Zwiebel und zerdrückten Knoblauch darin glasig dünsten. Pilze dazugeben, salzen und 2 Minuten braten, Brühe oder Kalbsfond und flüssige Sahne zufügen. Aufkochen. Mit Salz, Muskat und Pfeffer abschmecken. Schlagsahne und gehackte Petersilie unterheben. Pilze mit der Soße auf vorgewärmte tiefe Teller verteilen. Mit Knödeln anrichten.

Fränkische Hochzeitssuppe

1 l kräftige Rindsuppe	**Markklößchen:**
	60 g Rindermark
Eierstich:	20 g Butter
2 Eier	1 altbackene Semmel
1/2 Tasse Vollmilch	1 Ei
1 EL gehackte Petersilie	1 EL Semmelbrösel
	1 TL gehackte Petersilie
Muskat	
Jodsalz	Jodsalz
weißer Pfeffer	weißer Pfeffer

Für den Eierstich Eier mit Milch kräftig verschlagen, Petersilie dazugeben und mit Salz, Pfeffer, Muskat abschmecken. Diese Masse in einen kleinen Kunstdarm abfüllen, zubinden und im Wasserbad bei 80 bis 85°C pochieren. Zwischendurch entstehende Luftblasen mit einer dünnen Nadel kurz anstechen.

Für die Markklößchen Rindermark und Butter auslassen. Semmeln einweichen, danach kräftig ausdrücken, mit dem Ei, den Semmelbröseln und dem abgekühlten, ausgelassenen Mark vermengen, gehackte Petersilie dazugeben, mit Jodsalz und Pfeffer abschmecken und nochmals gut vermengen. Mit angefeuchteten Händen kleine Kugeln in Daumengröße formen, in kochendes Salzwasser geben und etwa 6 Minuten ziehen lassen.

Rindssuppe erhitzen, als Einlage den in Würfel geschnittenen Eierstich, die Markklößchen dazugeben und mit frischem gehackten Grünzeug bestreuen.

Festtagssupperl

1 l kräftige Fleisch-brühe	3 EL Schinkenwürfel
	2 EL Parmesan
Schinkenschöberl:	**Grießnockerl:**
50 g Butter	50 g Butter
2 Eier	1 Ei
Muskat	60 g Grieß
Salz	Salz
2 EL geschlagene Sahne	Muskat
65 g Mehl	Frisches Grünzeug zum Bestreuen

Für die Schinkenschöberl Butter schaumig rühren. Eier trennen. Eiweiß steif schlagen.
Eigelb unter die Butter rühren und mit Muskat und Salz würzen.
Erst Sahne, dann Mehl einrühren. Eischnee locker unterheben.
Backblech mit Backpapier auslegen und den Schöberlteig etwa 1 cm dick aufstreichen. Gleichmäßig mit Schinkenwürfeln und Parmesan bestreuen. Im vorgeheizten Backofen bei 180°C etwa 20 Minuten goldgelb backen und etwas abkühlen lassen. Zur Suppe in Rauten oder andere Formen schneiden.
Für die Grießnockerl weiche Butter so lange rühren, bis sie schaumig und hell geworden ist. Ei und Grieß unterrühren.
Mit Salz und Muskat würzen und die Mischung 10 Minuten zum Quellen stehen lassen. Salzwasser zum Kochen bringen. Mit einem Kaffeelöffel vom Grießteig Nockerl abstechen.
Die Nockerl 1 bis 2 Minuten kochen lassen, Hitze reduzieren und weitere 10 Minuten ziehen lassen.
Zusammen mit dem Schinkenschöberl zu der Suppe geben. Mit frischem Grünzeug servieren.

Nürnberger Knoblauchsuppe

1 kleine Zwiebel	1 Tasse Frankenwein
4 Knoblauchzehen	3/4 l gute Fleischbrühe
2 EL Butterschmalz	1/2 Tasse Rahm
3 EL Mehl	Jodsalz, weißer Pfeffer
1/4 l Milch	2 EL Schnittlauch

Zwiebel und Knoblauch fein schneiden und in Butterschmalz andünsten. Mehl dazugeben, mit kalter Milch und Weißwein ablöschen, kräftig verrühren und mit der heißen Fleischbrühe aufgießen.
Bei schwacher Hitze leicht sämig einkochen und zum Schluß den Rahm dazugeben. Mit Jodsalz und weißem Pfeffer abschmecken und mit gehacktem Schnittlauch bestreuen.

Kürbissuppe mit gebratenem Feldsalat

350 g Kürbis	50 ml Schlagsahne
80 g Butter	Salz
etwas Zucker	Weißer Pfeffer aus der Mühle
3 bis 4 EL Rotweinessig	50 g Feldsalat
3/4 l Gemüsebrühe	etwas Butter

Kürbis schälen, waschen und würfeln. Butter in einem Topf zerlassen. Kürbiswürfel zufügen und andünsten, mit etwas Zucker und Rotweinessig ablöschen. Brühe und Sahne zugießen. Im geschlossenen Topf bei kleiner Hitze 20 Minuten kochen, mit einem Pürierstab oder im Mixer pürieren und gut mit Salz und Pfeffer abschmecken.
Feldsalat putzen, waschen, gut abtropfen lassen und in wenig Butter in einer Pfanne herausbraten.
Suppe auf vorgewärmten tiefen Tellern mit dem gebratenen Feldsalat servieren.

Fränkische kalte Hauptspeisen

Krenfleisch mit
    saurem Wurzelwerk 32
Geupfter mit Bauernbrot 34
Knöchlesülze
    mit Bratkartoffeln 36
Romadursalat
    mit Krustenbrot 38
Staffelbacher Heringstopf 40

Bayerische kalte Hauptspeisen

Gesurte Rinderbrust
  mit Kräutermeerrettich.......................... 33
Obatzter mit Ziegenkäse........................ 35
Marinierte Kalbshaxen
  mit Vogerlsalat..................................... 37
Tellersülze mit Zunge,
  Haxen und Backerl............................ 39
Gebeizte Renke
  mit Apfel-Gurkensalat..........................41

Fränkische kalte Hauptspeisen

Herzhaft, kernig und kräftig, so lieben es die Franken, auch in der kalten Küche. Hier finden kleine, kalte Vorspeisen, nur so als Magenkratzer, keinen Platz.

Der Franke serviert gerne seine typischen kalten Hauptgerichte am Vormittag oder Nachmittag, aber auch zum Abendessen.

Und der Genießer stellt fest: Bei den kalten Speisen wird die Wahl zur Qual. Denn auch hier zeigt sich der Gemüse- und Salatreichtum des Landes.

Radieschen, Rettich, aber auch viel Saures, natürlich selbst eingelegt oder eingemacht, finden reichlich Verwendung.

Dazu macht der prall gefüllte Brotkorb auch die einfachsten Speisen absolut salonfähig. Und nicht ohne Grund heißt es: »Fränkisches Brot macht Wangen rot«

Bayerische kalte Hauptspeisen

Nicht ohne Grund ist des Bayern liebste Zeit die »Brotzeit«, die kleine Zwischenmahlzeit, die ihm hilft, die schier endlose Wartezeit zur nächsten Hauptmahlzeit angenehm zu überbrücken. In bürgerlichen Haushalten wurde meist um 6 Uhr nachmittags Brotzeit gehalten, auf dem Land gleich zweimal, nämlich am Vor- und Nachmittag.

Aber wie auch immer man es halten mag, zu einer richtigen bayerischen Brotzeit gehören jene kleinen kalten Schmankerl, die den ersten Hunger stillen, ohne den Magen zu beschweren, und die schon den Appetit anregen aufs nächste richtige Essen.

In einer Zeit, in der man Wohlstand und Prestige nicht mehr nach der Gürtellänge mißt, darf die Brotzeit freilich schon einmal das Mittag- oder Abendessen ersetzen.

Krenfleisch mit saurem Wurzelwerk

1 kg magere Rinderbrust	2 EL Keimöl
150 g Karotten	1 Bund Schnittlauch
150 g Sellerie	1 Knoblauchzehe
1 große Stange Lauch	Jodsalz
1/2 Tasse Weinessig	Pfeffer aus der Mühle
	1 Stange Kren

Rinderbrust in kochendes Wasser geben und ca. 1 ½ Stunden auf den Biß garen.
Brust herausnehmen, abkühlen lassen und in feine Scheibchen schneiden. Karotten, Sellerie und Lauch in feine Streifen schneiden, in wenig Brühe von der Ochsenbrust bißfest dünsten. Aus Essig, Öl, Schnittlauch, Knoblauch, Salz, Pfeffer und wenig Wasser eine Marinade bereiten.
Geschnittenes Rindfleisch in eine Schüssel geben, abgekühltes und abgetropftes Gemüse dazugeben und mit der Marinade zu einem Salat aufbereiten.
Kren schälen, kurz in kaltes Wasser legen und mit der groben Reibe aufreiben.
Salat auf Teller portionieren und frisch geriebenen Kren darüber geben.
Dazu paßt hervorragend fränkisches Krustenbrot.

Gesurte Rinderbrust mit Kräutermeerrettich

1,5 kg Rinderbrust gesurt (gepökelt)	Salz
2 Karotten	Pfeffer
1 Stange Lauch	Muskat
1 Stück Sellerieknolle	1 bis 2 EL Butter
1/2 Meerrettichwurzel	2 EL feingehackte Petersilie
1/4 l Brühe	2 EL feingeschnittener Schnittlauch
0,2 l süße Sahne	

Die Rinderbrust im heißen Wasser ansetzen, einmal aufkochen, geputzte Gemüse beigeben und das Ganze ca. 1 ½ Stunden langsam sieden lassen.
Meerrettich waschen, schälen und reiben. Brühe und Sahne aufkochen, den Meerrettich hinzugeben, kurz aufkochen lassen, mit Salz, Pfeffer und Muskat gut abschmecken, mit etwas Butter aufmixen und zum Schluß die Kräuter unterheben.
Wenn die Rinderbrust fertig ist, herausnehmen und mit dem gekochten Gemüse und der Kräutermeerrettichsoße servieren.

Gerupfter mit Bauernbrot

1 Zwiebel	1 TL Kümmel
3 unde Camembert	1 TL Paprika
(weich)	Schnittlauch
2 Ecken Knoblauch-	Petersilie
schmelzkäse	Pfeffer aus der Mühle
80 g Butter	Jodsalz

Zwiebel in feine Würfel schneiden. Camembert mit der Gabel gut zerdrücken, Streichkäse dazugeben, ebenso die weiche Butter. Alles gut vermengen. Zwiebel, Kümmel, Paprika, Schnittlauch, gehackte Petersilie, Pfeffer aus der Mühle und Jodsalz dazugeben. Nochmals gut durchmengen und alsbald mit kräftigem Bauernbrot servieren.

Obatzter mit Ziegenkäse

1 Rosmarinzweig	3 bis 4 EL schwarze Oliven, gehackt
5 Basilikumblätter	
2 EL glatte Petersilie	1/2 TL Kümmel, gehackt
1/2 Knoblauchzehe	Zitrone
150 g Ziegenfrischkäse	Salz
300 g Quark	Schwarzer Pfeffer aus der Mühle
4 EL saure Sahne	

Rosmarin, Basilikum, Petersilie und Knoblauch fein hacken. Alle übrigen Zutaten in eine Schüssel geben und mit einer Gabel gut vermischen. Mit Zitrone, Salz und Pfeffer abschmecken.

Knöchlesülze mit Bratkartoffeln

3 Eisbein	1 Bund Schnittlauch
2 l Wasser	1/2 Tasse Weinessig
1 Zwiebel	50 g Aspik
3 Essiggurken	Pfeffer aus der Mühle
1 Knoblauchzehe	Jodsalz

Eisbein in kochendes Wasser geben und nicht zu weich kochen. Kurz abkühlen lassen, Fleisch sorgfältig vom Knochen lösen, in kleine Stücke schneiden und in eine Schüssel geben.
Zwiebel und Essiggurken kleinschneiden und zusammen mit der gehackten Knoblauchzehe und dem Schnittlauch zum Fleisch dazugeben. Mit Pfeffer aus der Mühle und Jodsalz würzen. Alles gut vermengen und in eine Kastenform füllen.
Eisbeinkochsud mit dem Essig erhitzen, Aspik darunter rühren. Abkühlen lassen, mit Salz und Pfeffer evtl. nochmals abschmecken und über das vorbereitete Sülzwerk geben.
An einem kühlen Ort oder im Kühlschrank einige Stunden (am besten über Nacht) stehen lassen.
Die Sülze stürzen, in Scheiben schneiden und mit der Essig-Zwiebel-Öl-Marinade verfeinern. Dazu reicht man Bratkartoffeln mit Kümmel und Majoran.

Marinierte Kalbshaxen mit Vogerlsalat

1 Kalbshaxe vom Vortag	etwas Thymian
	etwas Rosmarin
1 Weißbrotscheibe in feinen Würfeln	2 EL Balsamessig
	etwas Rotweinessig
etwas Butter	etwas Portwein, weiß
1/8 l Kalbsjus	Salz
2 1/2 EL Olivenöl	Pfeffer aus der Mühle
5 EL Keimöl	100 g Vogerlsalat
1 Schalotte	(Feldsalat)

Die Kalbshaxe mit Hilfe einer Aufschnitt- oder Brotmaschine in feine Scheiben schneiden.
Die Weißbrotwürfel in einer Pfanne mit etwas Butter goldbraun rösten.
Aus den restlichen Zutaten eine Marinade herstellen, mit Salz und Pfeffer gut abschmecken, die Kalbshaxenscheiben auf einem Blech auseinanderlegen und mit der Marinade übergießen, ca. 10 Minuten bei Raumtemperatur ziehen lassen.
Fächerweise auf die Teller anrichten.
Mit der restlichen Marinade den geputzten und gewaschenen Vogerlsalat anmachen und mit dem Knödelgröstl zu den Haxenscheiben geben.

Romadursalat mit Krustenbrot

4 reife Romadur- käse	1 Bund Schnittlauch
1 Bund Radieschen	1/2 Tasse Essig
1 Zwiebel	4 EL Keimöl
	1/2 TL Kümmel

Romadur der Länge nach halbieren, in Scheiben schneiden und in eine Schüssel geben. Radieschen putzen, waschen, ebenfalls kleinschneiden und dazugeben. Feingeschnittene Zwiebel und Schnittlauch vorsichtig daruntermischen.

Aus Essig, Öl, Kümmel und eventuell etwas Wasser eine Marinade herstellen und darüber geben, mit zwei Löffel gut vermengen und ca. 1 Stunde stehen lassen.

Dazu paßt Krustenbrot mit frischer Landbutter.

Tellersülze mit Zunge, Haxen und Backerl

250 g Rinderzunge	8 Blatt Gelatine
1 l gesurte Schweinsbacke	1 bis 2 EL Rotweinessig
1 kleine Schweinshaxe	Salz, Pfeffer,
1 Spickzwiebel	Muskat
(Zwiebel, Lorbeer, Nelken)	etwas Blattpetersilie
	50 ml Sahne
1 Karotte	1 bis 2 EL Meerret-
1 Petersilienwurzel	tich aus dem Glas
1 Stange Lauch	3 EL Schnittlauch

Zunge, Backen, Haxe und Spickzwiebel mit Wasser zugedeckt ca. 1½ bis 1¾ Stunden langsam köcheln lassen, bis alle drei fertig gegart sind.
Die Zunge in Eiswasser gut abschrecken und gleich von der Haut trennen. Den Fleischfond langsam auf ca. die Hälfte einkochen.
Karotte, Petersilienwurzel und Lauch putzen, in gleichgroße Stücke schneiden, in leichtem Salzwasser kurz blanchieren und in Eiswasser abschrecken. Das Gemüse auf die tiefen Teller gut verteilen, das Fleisch in Scheiben schneiden und mit einlegen.
Die Gelatine in Wasser einweichen, den Fond durchpassieren, noch mal mit Essig, Salz, Pfeffer und Muskat gut abschmecken. In den noch lauwarmen Fond die eingeweichte Gelatine geben und gut durchmischen.
Die Petersilienblätter kurz mit heißem Wasser übergießen und in kaltem Wasser abschrecken.
Die Petersilienblätter zu dem Gemüse und dem Fleisch legen und mit dem abgekühlten Fond übergießen, im Kühlschrank ca. 2 bis 3 Stunden gut durchkühlen lassen.
Die flüssige Sahne mit Meerrettich und Schnittlauch gut vermischen, mit etwas Salz würzen, geschlagene Sahne unterheben und mit der Tellersülze servieren.

Staffelbacher Heringstopf

6 Bismarckheringe	1 Bund Schnittlauch in feinen Röllchen
1 Zwiebel	
4 Essiggurken	2 EL Petersilie
2 saure Äpfel	1 Zweig Dill
1 Tasse Joghurt	2 EL Essig
1 Tasse Sauerrahm	Pfeffer aus der Mühle
4 EL süße Sahne	Jodsalz

Bismarckheringe enthäuten, anschließend in fingerbreite Stücke teilen. Zwiebel halbieren und in Streifen, Gurken in Scheiben schneiden. Äpfel schälen, Kernhaus entfernen, vierteln und in Scheibchen zerkleinern. Alles zusammen in eine Schüssel geben und vorsichtig vermengen.
Joghurt, Sauerrahm, süße Sahne sowie Schnittlauch, Petersilie, Dill und Essig gut verrühren. Mit Pfeffer aus der Mühle, dem Jodsalz abschmecken und über die vorbereiteten Heringe geben. Kurz durchheben und ca. 2 Stunden im Kühlschrank ziehen lassen.
Als herzhafte Beilage passen neue Kartoffeln mit Schnittlauch.

Gebeizte Renke mit Apfel-Gurkensalat

2 küchenfertige Renken	1 Apfel
Etwas Zitronensaft	1 kleine Gemüsegurke
1 EL Zucker	Salz
1 TL Salz	Pfeffer aus der Mühle
4 weiße Pfefferkörner	1 EL Sauerrahm
Einige Körner Koriander	1 kleines Bund Petersilie
2 Wacholderbeeren	dünne Streifen von der Schale einer unbehandelten Zitrone
Etwas Dill und Petersilie	

Renken unter kaltem Wasser abspülen, der Länge nach halbieren und alle Gräten sorgfältig entfernen.
Für die Beize den Zitronensaft, Zucker und Salz, grob zerstoßene Pfefferkörner, Koriander und zerdrückte Wacholderbeeren mischen.
Die Renkenfilets damit einreiben und mit etwas grobgehacktem Dill und grobgehackter Petersilie bestreuen. Die Filets aufeinanderschichten und mit einem Brett und einem Gewicht beschwert für mindestens 4, besser 12 Stunden, im Kühlschrank stehen lassen.
Apfel und Gurke schälen und in feine Scheiben schneiden oder würfeln. Zum Sauerrahm geben. Den Salat mit Salz, Pfeffer und Zitronensaft abschmecken.
Gewürze und Dill von den Filets mit einem Löffel abschaben. Die Fischfilets schräg in dünne Scheiben schneiden und mit dem Salat auf Teller anrichten, eventuell mit Petersilie und dünnen Streifen von der Zitronenschale garnieren.

Fränkische warme Hauptspeisen

Schweinsschäufele mit Kümmelsoße	46
Fränkischer Sauerbraten	48
Eingemachtes Kalbfleisch mit Spargel	50
Gefülltes Kraut	52
Bratwurstauflauf	54
Wildschweingulasch	56
Hasenpfeffer	58
Gefüllte Bauernente	60
Nordheimer Weinzüngerl	62
Geschmorte Lammkeule	64
Rindfleisch mit Krensoße	66
Kalbskopf gebacken	68
Altfränkische Rindsroulade	70
Süß-saures Rinderherz	74
Gefüllte Kirchweihgans	76
Kartoffelgemüse mit Geräucherten	78
Gemüseeintopf mit Bratwurstnockerl	80
Karpfen im Wurzelsud	82
Mainhecht in Schnittlauchsoße	84
Knoblauchzander mit warmem Kartoffelsalat	86

Bayerische warme Hauptspeisen

Schweinsbraten mit Schmorkartoffeln	
Böfflamott	47
Gefüllte Kalbsbrust	49
Wirsinglaiberl	51
Würstl-Kartoffelgulasch	53
Rehragout	55
Hasenrücken mit weißer Pfeffersoße	57
Bayerische Bauernente	59
Saure Kalbsnieren	61
Geschmorte Lammschulter mit Schalotten	63
Tafelspitz mit Kren	65
Gratinierte Kalbsbackerl mit glasierten Schalotten	67
Gefüllter Ochsenschwanz	69
Kalbsbeuschel	71
Freilandhendl aus dem Pfeffertopf	75
Linseneintopf mit gebackenen Weißwurstradeln	77
Eintopf von verschiedenen Gemüsen mit Kräutern	79
Saibling auf zweierlei Petersiliepüree	81
Geräucherter Waller auf Kürbis-Kartoffelsalat	83
Zander, in der Haut gebraten auf Bohnengemüse	85
	87

Fränkische warme Hauptgerichte

Es muß ein Sonntag g'wesen sein, als die fränkische Küche entstanden ist. Ein Tag voll herrlichem Sonnenschein, es war ein Glückstag ganz gewiß.
Wie könnte man sich sonst erklären, daß derartige Schmankerl zustande kommen.
Kräuter und Gewürze, besonders der Knoblauch und die Zwiebel, geben den Speisen nicht nur den typisch herzhaften Geschmack, sondern verleihen jedem Gericht noch eine gesundheitliche Note.
Kombinationen wie Rindfleisch mit Preiselbeeren und Kren stehen für Einfallsreichtum und zeigen den sensiblen Gaumen der Franken. Mit derartigen Gerichten treffen Sie bei jedem Fest ins Schwarze.
»In aller Welt ist sie bekannt, die Küche aus dem Frankenland.«

Bayerische warme Hauptgerichte

Eigentlich ist die oberbayerische Küche eine bäuerliche, geprägt von den Produkten des Landes, und die entstammen in erster Linie der Milchwirtschaft und Viehzucht. Die Zubereitung ist meist einfach, ungekünstelt, darauf bedacht, Qualität und Frische der Zutaten zur Geltung zu bringen.

Wo's raffinierter wird, haben meist ausländische Einflüsse mitgespielt, und von denen hat es in der langen bayerischen Geschichte genug gegeben: italienische, französische, österreichische.

Mit dem zunehmenden Ernährungsbewußtsein unserer Tage hat sich auch die bayerische Küche gewandelt, ist leichter und weniger »fleischlastig« geworden. Einst als »Armeleuteessen« abqualifizierte Gerichte sind heute salonfähig.

Was geblieben ist, sind die traditionellen Tugenden: die Frische und Qualität der einheimischen Produkte.

Schweinsschäufele mit Kümmelsoße

4 Schweinsschäufele	1/2 Stange Lauch
1/2 TL Paprika	2 Karotten
schwarzer Pfeffer	1/4 Sellerie
Jodsalz	3 Knoblauchzehen
500 g Schweine-	Thymian
knochen	Majoran
4 EL Öl	1 TL Kümmel
1 Zwiebel	Braunbier

Schäufele oben mit dem Messer in Würfelform einschneiden. Mit Paprika ringsherum einreiben, mit Pfeffer und Jodsalz würzen. Kleingehackte Knochen in heißem Öl rasch anbraten, kleingeschnittenes Gemüse sowie gehackten Knoblauch, Thymian und Majoran dazugeben und kurz mitrösten.
Gewürzte Schäufele darauflegen, mit Kümmel bestreuen, das Ganze mit etwas Wasser angießen und bei ca. 200°C im Bratrohr ca. 45 Minuten braten.
Zwischendurch Schäufele ab und zu wenden, dabei immer wieder mit etwas Wasser oder Brühe angießen, damit eine kräftige Soße entsteht.
Zum Schluß Schäufele kurz mit Braunbier begießen, um somit eine rösche Kruste zu bekommen.
Entstandene Soße durch ein Sieb gießen und mit Pfeffer, Salz evtl. nachschmecken. Standesgemäß serviert man dazu fränkische Rohe Klöße und Krautsalat mit Speck.

Schweinsbraten mit Schmorkartoffeln

ca. 1,5 kg Schweinsbraten (Schulter oder Hals, Schlegel)	2 bis 3 EL Schmalz
	200 g Schweineknochen
	2 Zwiebeln
Salz, Pfeffer	1 Karotte
Kümmel	1 Petersilienwurzel
1 bis 2 Knoblauchzehen	500 g festkochende Kartoffeln

Das Fleisch mit Salz, Pfeffer, Kümmel und feingehacktem Knoblauch gut einreiben. In einer Bratreine das Schmalz erhitzen, den Schweinsbraten kurz von allen Seiten anbraten, herausnehmen und die Schweineknochen in der Reine gut anbraten.
Die Zwiebeln, Karotte, Petersilienwurzel schälen und grob zerteilen und zu den Schweineknochen dazugeben, den Schweinsbraten mit der Oberseite nach unten darauflegen, mit Wasser gut angießen und den Schweinsbraten bei 165°C ins Rohr schieben. Nach ca. 1½ bis 2 Stunden den Schweinsbraten umdrehen, zwischendurch mit dem Bratensaft einweichen oder etwas Wasser übergießen.
Die Kartoffeln schälen, einmal der Länge nach halbieren. Die Kartoffeln zu dem Schweinsbraten in die Reine geben und ca. 20 bis 30 Minuten mitgaren lassen.
Den Schweinsbraten herausnehmen, die Knochen entfernen und zusammen mit den Schmorkartoffeln servieren.

Fränkischer Sauerbraten

1200 g Rinderschulter	1/4 Sellerie
Beize:	1/4 l Rotwein
1 Tasse Essig	**übrige Zutaten:**
Wacholderbeeren	1/2 Tasse Öl
Lorbeerblatt	3 EL Tomatenmark
1 Knoblauchzehe	4 gehäufte EL Mehl
2 Nelken	60 g Soßenlebkuchen
1 Zwiebel	1 Tasse Rotwein
2 Karotten	schwarzer Pfeffer,
1/2 Stange Lauch	Jodsalz

Mit 1 Liter Wasser, Essig, dem kleingeschnittenen Gemüse, Zwiebeln sowie den Gewürzen und dem Rotwein – natürlich fränkischem – eine Beize herstellen. Die Rinderschulter 4 oder 5 Tage darin einlegen und an einem kühlen Ort aufbewahren.

Fleisch herausnehmen und Beize abseihen. Gemüse und Sud aufheben. Öl erhitzen und abgetropftes Gemüse darin anbraten. Tomatenmark dazugeben, gut verrühren, Mehl hinzu und das Ganze etwas anrösten. Mit der Beize unter kräftigem Rühren aufgießen und aufkochen. Anschließend das Fleisch dazu und ca. 50 Minuten köcheln lassen.

Wein und gebröckelten Soßenlebkuchen dazugeben und fertiggaren.

Fleisch herausnehmen, Soße durchpassieren und mit Pfeffer, Jodsalz und eventuell Essig und etwas Zucker abschmecken.

Fleisch in Scheiben aufschneiden und Soße darüber gießen.

Böfflamott

300 g Karotten	2 ca. 1/2 cm dicke Scheiben fetter Speck
4 Zwiebeln	Pfeffer aus der Mühle
1 l Weißwein	Salz
1 l Brühe oder Wasser	2 dl Weinbrand
1 Lorbeerblatt	1,5 kg flaches Rinderbug
1 kleiner Zweig Thymian	2 EL Butterschmalz
1 kleiner Zweig Rosmarin	1/2 Kalbsfuß in kleinen Stücken

Karotten und Zwiebeln schälen und kleinschneiden. Mit Weißwein, Brühe, Lorbeer, Thymian und Rosmarin aufkochen und abkühlen lassen. Speck in Streifen schneiden und mit Pfeffer, Salz und Weinbrand mischen. Zugedeckt kurze Zeit durchziehen lassen. Das Fleisch mit der abgekühlten Marinade übergießen. Zugedeckt für 2 bis 3 Tage kaltstellen. Das Fleisch herausnehmen, abtrocknen und in heißem Butterschmalz rundherum braun anbraten. Kalbsfuß und eine Hälfte der Marinade zugeben und das Ganze im geschlossenen Topf bei kleiner Hitze etwa 2 bis 3 Stunden schmoren. Dabei nach und nach die restliche Marinade zugießen. Fleisch herausnehmen. Den Schmorsud durch ein Sieb gießen und mit Salz und Pfeffer würzen. Fleisch in Scheiben mit Soße anrichten.

Eingemachtes Kalbfleisch mit Spargel

1 kg Spargel	1 Tasse süße Sahne
1 kg Kalbsschulter	1 kleiner Bund
Lorbeerblatt	Schnittlauch in
Wacholderbeeren	Röllchen
80 g Butter	Petersilie
3 gehäufte EL Mehl	Jodsalz
1 Tasse Milch	weißer Pfeffer

Spargel putzen, schälen, in daumengroße Stücke schneiden und in leichtem Salzwasser auf den Biß garen, abschütten und den Sud gleich wieder zum Kochen bringen.

Kalbsschulter in gulaschgroße Stücke schneiden und in den Spargelsud geben. Lorbeerblatt und Wacholderbeeren dazugeben und das Ganze bißfest garen.

Butter erhitzen, Mehl dazugeben, verrühren, zuerst mit der Milch aufgießen und dann den Fleischsud dazufügen, gut umrühren und eine sämige Soße daraus herstellen.

Sahne hinzufügen, ebenfalls Schnittlauch und Petersilie, mit Jodsalz und weißem Pfeffer abschmecken, Fleischwürfel und Spargel dazugeben, vorsichtig vermengen und noch kurze Zeit am Ofenrand ziehen lassen.

Beilagenvorschlag: Champignonreis oder Pellkartoffeln.

Gefüllte Kalbsbrust mit Brezenfülle

200 g Brezenstangen ohne Salz	1/2 Bund Schnittlauch
1 Schalotte	1,5 kg Kalbsbrust mit eingeschnittener Tasche
1 Bund glatte Petersilie	1 Zwiebel
100 ml Milch	1 Karotte
150 g Champignons	1 Knoblauchzehe
30 g Butter	2 EL Öl
Salz	300 g Kalbsknochen
Pfeffer aus der Mühle	1 TL Tomatenmark

Für die Füllung Brezen in feine Scheiben schneiden, Schalotten schälen und würfeln. Petersilie hacken, Milch aufkochen, Pilze putzen und kleinschneiden. Schalotten in Butter glasig dünsten, Pilze zugeben, kurz anbraten, salzen und pfeffern. Schwammerl, gehackte Petersilie, geschnittenen Schnittlauch und heiße Milch über die Brotscheiben geben, mit einer Gabel locker durchmischen.

Die Semmelfüllung 20 Minuten quellen lassen, inzwischen für die Kalbsbrust Zwiebel, Karotte und Knoblauch schälen und kleinschneiden. Die Kalbsbrust salzen, pfeffern, die Tasche mit der Semmelmischung füllen und mit Rouladenspießen zustecken. Das Fleisch in heißem Öl bei mittlerer Hitze rundherum anbraten, herausnehmen. Die Knochen im Bratfett bräunen, Tomatenmark unterrühren und mit etwas Wasser ablöschen, Gemüse und die gefüllte Brust auf die Knochen legen. Im auf 180° C vorgeheizten Backofen etwa zwei Stunden garen. Das Fleisch herausnehmen. Den Bratenfond durch ein Sieb gießen und nachwürzen. Fleisch in Scheiben mit dem Bratenfond anrichten.

Gefülltes Kraut

1 großer Kopf Weißkraut	3 EL gehackte Petersilie
250 g Rinderhack	weißer Pfeffer, Salz
250 g Schweinehack	Knoblauchsalz
2 Eier	80 g Speck
1 Zwiebel	etwas Keimöl zum Braten
3 altbackene Semmeln	
1 Bund Schnittlauch	1/2 TL Kümmel

Weißkrautkopf von unten her sauber aushöhlen und die Blätter vorsichtig einzeln lösen. Im kochenden Salzwasser die Blätter blanchieren und rasch abkühlen lassen.
Rind- und Schweinehack mit den Eiern, feingehackten Zwiebeln, den eingeweichten und ausgedrückten Semmeln sowie Schnittlauch, Petersilie, Pfeffer und Salz zu einer geschmeidigen Masse vermengen.
Weißkrautblätter zu vier gleichen Teilen auslegen, die geformte Hackmasse daraufgeben und mit dem Kraut zu kleinen Köpfen bilden.
Speck feinschneiden und in einer geeigneten Pfanne mit wenig Öl anbraten, die Krautköpfe daraufsetzen, mit Kümmel bestreuen und bei 180 °C im Backrohr garen.
Dazu eignet sich Kartoffelbrei mit Butterflöckchen.

Wirsinglaiberl

1 Wirsingkohl	2 EL frisch gehackte
200 g frische	Petersilie
Steinpilze	Salz, Pfeffer
2 kleine Zwiebeln	etwas Cayennepfeffer
(feingehackt)	etwas Butter oder Öl

Die abgelösten Blätter in kochendem Salzwasser kurz blanchieren und in Eiswasser abschrecken. Die Steinpilze putzen, in Scheiben schneiden. In einer Pfanne mit etwas Öl oder Butter und den Zwiebeln anbraten. Die gehackte Petersilie dazugeben und mit Salz, Pfeffer und Cayennepfeffer gut abschmecken. Die Kohlblätter auf einem Tuch ausbreiten und gut trocknen. Die Wirsingblätter in Schöpflöffel einlegen. Die restlichen Blätter und die Herzen in feine Würfel oder Streifen schneiden, zu den angeschwitzten Pilzen geben und gut vermischen. In die mit Kohlblättern ausgelegten Schöpflöffel füllen, einschlagen und gut zusammendrücken. Im Backofen bei ca. 160 °C 15 bis 20 Minuten langsam in einer Bratreine garen.

Bratwurstauflauf

4 Paar fränkische Bratwürste	10 g Butter
400 g Sauerkraut, roh	5 Eier
4 große Kartoffeln	1 Tasse Milch
2 Frühlingszwiebeln	1 Tasse Sahne
Pfeffer aus der Mühle	3 EL Petersilie
Jodsalz	60 g geriebener Käse
1/2 TL Kümmel	1/2 Tasse Semmelbrösel

Bratwürste goldgelb braten, abkühlen lassen und in Scheiben schneiden. Sauerkraut gut waschen und kräftig durchhacken. Geschälte Kartoffeln in Würfel, die Frühlingszwiebeln klein schneiden; alles zusammen in einer Schüssel gut miteinander vermengen und mit Pfeffer, Jodsalz und Kümmel würzen und in eine gebutterte Auflaufform füllen.
Eier mit Milch, Sahne und Petersilie kräftig verrühren, mit Pfeffer und Jodsalz würzen und über den Auflauf geben. Geriebenen Käse (aus Restbeständen) darübergeben und mit Semmelbrösel bestreuen.
Im vorgeheizten Backofen bei 180 °C ca. 45 bis 50 Minuten backen.

Würstl-Kartoffelgulasch

500 g Kartoffeln	1 l kräftige Brühe
500 g Zwiebeln	Majoran
5 EL Öl	Kümmel
2 EL Paprika scharf	Knoblauch
1 EL Paprika mild	evtl. Cayennepfeffer
1 Spritzer Essig	Debreciner

Die Kartoffeln in kleine Würfel schneiden. Die Zwiebeln in Öl goldbraun rösten, Paprika dazugeben und mit einem Spritzer Essig ablöschen. $\frac{1}{2}$ l kräftige Brühe aufgießen und zur Hälfte einköcheln.
Einen weiteren $\frac{1}{2}$ l Brühe und die Kartoffeln hinzugeben.
Mit Majoran, Kümmel und Knoblauch würzen.
Wer es etwas schärfer liebt, kann noch mit Cayennepfeffer nachwürzen.
Debreciner in Scheiben schneiden und dazugeben.

Wildschweingulasch

1200 g Wildschweinschulter	1/2 l Brühe
4 EL Öl	Lorbeerblatt
2 Zwiebeln	Wacholderbeeren
2 Karotten	Nelken
1/4 Sellerie	Oregano, Thymian
4 EL Tomatenmark	4 EL Preiselbeeren
4 EL Mehl	1/8 l Sherry oder Madeira
1/2 l kräftiger Rotwein	schwarzer Pfeffer, Jodsalz

Wildschweinschulter in gulaschgroße Stücke schneiden und in heißem Öl anbraten. Kleingeschnittene Zwiebeln, Karotten und Sellerie dazugeben, kurz mitrösten. Tomatenmark und Mehl einrühren und mit dem Rotwein ablöschen.

Etwa 1/2 l Brühe dazugeben, ebenfalls die Gewürze. Alles zusammen weich garen.

Nach Ende der Garzeit Fleischwürfel herausnehmen, alles andere gut durchpassieren; in diese Soße Preiselbeeren und Sherry geben und mit Jodsalz und Pfeffer abschmecken.

Fleisch wieder hinzufügen und noch kurze Zeit ziehen lassen.

Als Beilage empfehle ich Semmelknödel oder Spätzle.

Rehragout

1 Karotte	2 Nelken	Pfeffer aus der Mühle
100 g Sellerieknolle	5 Pfefferkörner	200 ml Rotwein
2 Zwiebeln	1 Lorbeerblatt	1/2 l Wildkraftbrühe,
100 g Champignons	5 Wacholderbeeren	Brühe oder Wasser
800 g Rehfleisch	1/2 Knoblauchzehe	1 EL Butterschmalz
(Schulter oder Brust)	2 EL Öl	1 EL Preiselbeersaft
1 Stück unbehandelte	1 EL Tomatenmark	1 EL frisch gepreßter
Zitronenschale	Salz	Zitronensaft

Karotte, Sellerie und Zwiebeln putzen und würfeln. Pilze putzen und in Scheiben schneiden. Das Fleisch in mundgerechte Würfel schneiden. Zitronenschale, Nelken, Pfefferkörner, Lorbeer, Wacholder und Knoblauch in ein Gewürzbeutelchen geben.
Fleisch in heißem Öl kräftig braun anbraten. Das vorbereitete Gemüse kurz mitschmoren. Tomatenmark zufügen und anrösten. Das Fleisch salzen, pfeffern und mit Rotwein ablöschen.
Kurz aufkochen, mit Brühe auffüllen und das Gewürzbeutelchen zugeben. Im geschlossenen Topf 20 Minuten schmoren und die Gewürze wieder entfernen.
Weitere 45 Minuten im geschlossenen Topf bei kleiner Hitze schmoren, bis das Fleisch weich ist. Die Fleischstücke aus dem Sud nehmen und in einem sauberen Topf warmstellen. Pilze in Butterschmalz anbraten. Für die Soße den Schmorsud durch ein Sieb gießen, mit Preiselbeer- und Zitronensaft würzen. Im Mixer oder mit dem Pürierstab aufmixen. Über das Rehfleisch gießen, Pilze zufügen und kurz erhitzen. Mit Salz und Pfeffer nachwürzen.
Das Ragout in vorgewärmten tiefen Tellern anrichten.
Mit Spätzle oder Semmelknödel servieren.

Hasenpfeffer

8 Hasenläufe	Wacholderbeeren
4 EL Öl	4 EL Essig
1 Zwiebel	Pfefferkörner
2 EL Tomatenmark	Majoran
2 EL Mehl	Thymian
1/4 l Rotwein	Estragon
1/2 l Brühe	Rosmarin
Lorbeerblatt	Jodsalz
Nelken	Zucker

Hasenläufe in kleine Stücke hacken und in heißem Öl anbraten. Geschnittene Zwiebeln dazugeben und mitrösten. Tomatenmark und Mehl hinzufügen, gut verrühren und mit dem Rotwein und der Brühe aufgießen. Gewürze und Essig dazugeben und so lange garen, bis sich das Fleisch fast vom Knochen löst.

Nach Möglichkeit noch mit einigen Löffeln Blut (was beim Auftauen meist abläuft) etwas nachbinden. Aber Vorsicht: nicht mehr kochen!

Den Hasenpfeffer abschmecken, so daß ein süß-säuerlicher Geschmack entsteht und zu Rohen oder Halbseidenen Klößen servieren.

Sollten Sie die Möglichkeit haben, auch Haseninnereien wie Herz, Leber und gereinigten Magen zu bekommen, werden diese kleingeschnitten und zusammen mit den Läufen angebraten. Ist kein Blut vorhanden, kann man mit etwas Soßenlebkuchen nachhelfen.

Hasenrücken mit weißer Pfeffersoße

200 g Hasenknochen	etwas Zucker
20 weiße Pfefferkörner	200 g geschälte
2 cl Weinbrand	Kastanien
300 ml Brühe	1 EL Butter
100 ml flüssige Sahne	etwas Öl zum Braten
4 Hasenrückenfilets	Salz, Pfeffer

Die Knochen vom Hasenrücken in nußgroße Stücke teilen, in etwas Öl gut anrösten, danach auf ein Sieb geben und gut abtropfen lassen.
Die Pfefferkörner zerstoßen und in etwas Öl anrösten. In einen Topf die gerösteten Knochen und Pfefferkörner geben, mit etwas Weinbrand ablöschen. Mit Brühe und Sahne auffüllen, einmal aufkochen und ca. 30 bis 40 Minuten ziehen lassen.
Die Hasenrückenfilets mit Salz und Pfeffer gut würzen, in einer Pfanne mit etwas Öl von allen Seiten kurz anbraten, danach auf ein Gitter legen. In einem vorgeheizten Backofen bei 160°C ca. 10 Minuten fertiggaren.
In eine Pfanne etwas Öl geben, Zucker und Maronen hinzugeben und das Ganze glasieren, ab und zu etwas Wasser beigeben, damit sich der Zucker besser löst.
Die Pfeffersoße durchpassieren, nochmals aufkochen lassen, mit Salz und Pfeffer nachschmecken und mit Butter kurz aufmixen.
Die Hasenrückenfilets anrichten, eventuell aufschneiden, und mit den glasierten Maronen und der Pfeffersoße servieren.

Gefüllte Bauernente

1 Bauernente	2 EL Petersilie
1 EL Öl	1 Zwiebel
3 altbackene Semmeln	2 Karotten
1 Tasse Milch	weißer Pfeffer
2 Eier	Jodsalz
1 Bund Schnittlauch	Beifuß

Innereien wie Leber und Herz aus der Ente nehmen, kleinschneiden und in Öl scharf anbraten. Flügel abschneiden und zusammen mit dem Hals kleinhacken.
Altbackene Semmeln in Milch einweichen, ausdrücken und mit den Eiern, Schnittlauch und Petersilie gut vermengen. Angebratene Innereien dazugeben, gut umrühren und mit Pfeffer und Jodsalz abschmecken.
Diese Masse in die ausgewaschene Ente füllen, die Öffnung gut vernähen. Zwiebel und Karotten kleinschneiden und zusammen mit den gehackten Flügeln und dem Hals anbraten. Die Ente mit wenig Salz und Pfeffer einreiben und auf das Knochengemüsebett legen. Beifuß dazulegen, mit Wasser angießen und im Backrohr bei 180 bis 200°C knusprig braten.
Die Bratzeit richtet sich nach Größe und Alter der Ente.
Blaukraut und Rohe Klöße runden dieses Gericht ab.

Bayerische Bauernente

1 Bauernente (etwa 2,5 kg)	2 EL gehackte Petersilie
2 Zwiebeln	Salz
1/2 Apfel	Pfeffer aus der Mühle
1 Stengel Majoran	1/2 l Brühe

Ente für eine Stunde in Eiswasser legen. Flügel und Hals abschneiden und für die Soße kleinhacken.
Zwiebeln und den Apfel schälen, würfeln und mit Kräutern mischen.
Ente innen und außen mit Salz und Pfeffer einreiben und mit der Apfel-Zwiebel-Mischung füllen. Die Öffnung mit einem Spieß zustecken.
Die Ente in eine Bratreine legen und mit 1/2 l Wasser zugießen. In dem auf 175°C vorgeheizten Backofen etwa zwei Stunden braten. Dabei ab und zu mit dem herausgebratenen Fett begießen.
Die fertige Ente aus dem Topf nehmen. Das Bratenfett abschöpfen und beiseite stellen.
Für die Soße Flügel- und Halsstücke im Bratensatz der Ente bräunen. Die Füllung aus der Ente zufügen und kurz mitschmoren. Brühe zugießen und 20 Minuten bei kleiner Hitze im geschlossenen Topf kochen.
Die Soße durchsieben und mit Salz und Pfeffer würzen. 1 bis 2 Eßlöffel Entenfett unterrühren und die Soße warmstellen.
Keulen von der Ente abtrennen, die Knochen herauslösen. Brustfleisch vom Knochen lösen. Die Ententeile unter dem vorgeheizten Grill bräunen. Mit der Soße auf vorgewärmten Tellern anrichten.

Nordheimer Weinzüngerl

2 Kalbszüngerl	1 Tasse Milch
1 gespickte Zwiebel	150 g Champignons
einige Wacholderbeeren	Rosmarin
1 Suppenbund	Estragon
60 g Butter	Liebstöckel
4 EL Mehl	weißer Pfeffer
1/4 l trockener Frankenwein	Jodsalz
	1/2 Tasse Sahne

Die Kalbszüngerl in kochendes Salzwasser geben, gespickte Zwiebel, Wacholderbeeren und Suppenbund dazugeben und garen.
Aus Butter und Mehl eine helle Schwitze herstellen, mit Frankenwein und Milch ablöschen, mit einigen Löffeln Brühe vom Züngerl aufgießen.
Champignons putzen, waschen, in feine Scheiben schneiden und dazugeben; ebenfalls die Gewürze. Alles auf sämige Konsistenz köcheln lassen.
Zum Schluß die Sahne hinzufügen und mit weißem Pfeffer und Jodsalz abschmecken.
Züngerl in Scheiben aufschneiden und mit der Soße überziehen.
Traditionell gehören dazu hausgemachte Nudeln.

Saure Kalbsnieren

2 Kalbsnieren	2 EL Estragonessig
3 EL Öl	1 EL Crème fraîche
Salz	200 ml Kalbsfond
Pfeffer aus der Mühle	40 g Butter
3 EL Rotwein	je 1 TL gehackte
2 EL Rotweinessig	Petersilie und Kerbel

Die Nieren mit einem Messer in einzelne »Rosen« schneiden und dabei größere Adern entfernen.
Öl in einer Pfanne erhitzen und die Nierenstücke darin 2 Minuten von allen Seiten bei mittlerer Hitze anbraten. Salzen, pfeffern. Überschüssiges Fett abgießen und die Nierenrosen herausnehmen und warmstellen.
Für die Soße den Bratensatz mit Rotwein, Rotweinessig und Estragonessig ablöschen und die Flüssigkeit verdampfen lassen. Crème fraîche und Kalbsfond zufügen. Aufkochen und mit Salz und Pfeffer würzen. Durch ein Sieb gießen.
Die Soße mit kalter Butter im Mixer oder mit dem Pürierstab kräftig aufmixen. Kräuter untermischen.
Nieren auf vorgewärmten Tellern anrichten und mit der Soße umgießen.

Geschmorte Lammkeule

1200 g Lammkeule	1 Stange Lauch
4 Knoblauchzehen	1/2 l Brühe
4 EL Öl	Thymian
100 g durchwachsener Speck	Rosmarin
1 Zwiebel	Majoran
2 Karotten	1 Flasche Malzbier
	Pfeffer, Jodsalz

Die ausgelöste Lammkeule mit geviertelem Knoblauch spicken. Eventuell zusammenbinden und in heißem Öl mit dem kleingeschnittenen Speck von allen Seiten anbraten.

Herausnehmen und darin die kleingeschnittene Zwiebel, Karotten und Lauch anbraten. Mit Brühe ablöschen, Gewürze hinzugeben, die Lammkeule daraufsetzen und im Rohr bei ca. 200°C etwa eine Stunde braten. Kurz vor Ende der Bratzeit mit dem Malzbier begießen.

Lammkeule herausnehmen und Soße abseihen. Mit Pfeffer und Jodsalz abschmecken.

Grüne Bohnen, naturell oder auch leicht gebunden sowie gekochte Klöße schmecken dazu am besten.

Geschmorte Lammschulter mit Schalotten

1 Karotte	2 EL Öl
3 Zwiebeln	1/4 l trockener
2 Knoblauchzehen	Weißwein
2 Lammschultern (à	1 Lorbeerblatt
etwa 1 kg)	1 Stengel Thymian
Salz	250 g Schalotten
Pfeffer aus der Mühle	20 g Butter

Karotte, Zwiebeln und Knoblauch schälen und grob zerteilen. Lammschultern mit Salz und Pfeffer einreiben und in heißem Öl von allen Seiten ohne Bräunung anbraten. Vorbereitetes Gemüse zufügen und kurz mitschmoren.

Mit Weißwein und ¼ l Wasser ablöschen. Lorbeer und Thymian zugeben und die Lammschultern im geschlossenen Topf im vorgeheizten Backofen bei 200°C eine Stunde schmoren.

Inzwischen die abgezogenen Schalotten in 20 Gramm Butter in einer Pfanne anbraten. Etwas vom Lammfond zugießen und die Schalotten in der offenen Pfanne weichdünsten.

Das fertig gegarte Fleisch herausnehmen und warmstellen. Den Schmorsud für die Soße im offenen Topf bis auf ein Drittel eindampfen lassen.

Die Lammschultern vom Knochen lösen, in Scheiben schneiden und mit der Soße und den Schalotten auf vorgewärmten Tellern anrichten.

Rindfleisch mit Krensoße

1,5 kg Rinderschulter	1 Tasse Semmelbrösel
1 Suppenbund	4 EL Sahne
1 Zwiebel	1/2 EL Mehl
1 Stange Kren	weißer Pfeffer
80 g Butter	Jodsalz

Rinderschulter in kochendes Salzwasser geben und zusammen mit dem Suppenbund und halbierten, angerösteten Zwiebeln in etwa 1 Stunde gar kochen.
Kren putzen, schälen und in kaltes Wasser legen, anschließend fein reiben. Geriebenen Kren mit 4 Schöpflöffel heißer Fleischsuppe brühen, kurz kochen lassen, Butter hinzugeben und mit Semmelbrösel binden.
Sahne mit dem Mehl anrühren und zum Schluß darunterfügen. Mit Jodsalz und weißem Pfeffer abschmecken.
Fleisch aufschneiden, Krensoße dazu servieren.
Dieses Gericht wird meist nach der Suppe und vor dem Hauptgang bei Festlichkeiten zusammen mit Weißbrot und Preiselbeeren gereicht.

Tafelspitz mit Kren

ca. 1,2 kg Tafelspitz	Muskat
1 Karotte	1 Bund Schnittlauch
1 Stange Lauch	in Röllchen
Salz	100 g frischer
Pfeffer	Meerrettich

Den Tafelspitz kalt abwaschen, in kochendem Wasser kurz blanchieren, in Eiswasser danach abschrecken.
Nun den Tafelspitz, bedeckt mit kaltem Wasser, ansetzen, einmal kurz aufkochen, danach ca. 2 ½ bis 3 Stunden langsam gar ziehen lassen.
Ca. 30 Minuten, bevor der Tafelspitz gar ist, das geputzte und gewaschene, in grobe Stücke zerkleinerte Gemüse beifügen.
Die Brühe vom Tafelspitz leicht mit Salz, Pfeffer und Muskat würzen.
Wenn das Gemüse weich ist, den Tafelspitz herausnehmen, aufschneiden und mit dem Wurzelgemüse, dem Schnittlauch und frisch geriebenem Meerrettich servieren.

Kalbskopf gebacken

1/2 Kalbskopf ausgelöst	Muskat
1/2 Kalbszüngerl	Jodsalz
1 Bund Schnittlauch	**Panade:**
3 gehackte Bund Petersilie	2 EL Mehl
Pfeffer aus der Mühle	2 Eier, gut verschlagen
	150 g Semmelbrösel

Kalbskopf waschen, in grobe Stücke schneiden und in Salzwasser gut weichkochen. Nach der Hälfte der Kochzeit (etwa ½ Stunde) das Züngerl beilegen und mitkochen. Kopf und Züngerl herausnehmen, gut kleinschneiden, alles wieder in einen Topf geben und erhitzen; Schnittlauch und Petersilie kommen dazu und mit Pfeffer aus der Mühle, Muskat und Jodsalz wird abgeschmeckt.
Das Ganze kommt in eine Preßform, und im Kühlschrank muß der Kalbskopf gut auskühlen.
Man nimmt den Kalbskopf aus der Form und schneidet ihn in fingerdicke Scheiben, würzt ihn beidseitig mit Salz und Pfeffer, wendet ihn dann in Mehl, Ei und paniert mit Semmelbrösel.
In heißem Öl wird der Kalbskopf goldgelb ausgebacken.
Der Franke bevorzugt hierzu Remouladensoße und Kartoffelsalat.

Gratinierte Kalbsbackerl mit glasierten Schalotten

3 EL Öl	1 l Kalbsfond
8 küchenfertige Kalbsbackerl	Brühe oder Wasser
Salz	1 Prise Koriander
Pfeffer aus der Mühle	1 Zweig Thymian
1 Karotte	1 TL Senfkörner
2 Zwiebeln	250 g Schalotten
	60 g Butter

Öl in einem Bratentopf erhitzen, Kalbsbackerl salzen, pfeffern und braun anbraten. Geputzte, gewürfelte Karotte und Zwiebeln mit anrösten.
Die Hälfte vom Kalbsfond, Koriander, Thymian und Senfkörner zufügen. Den offenen Topf in den auf 190°C vorgeheizten Backofen schieben und das Fleisch etwa eine Stunde garen. Ab und zu nachsehen, ob die Kalbsbackerl noch mit Flüssigkeit bedeckt sind, sonst Fond oder Wasser zufügen. Den Backofen auf 160°C herunterschalten, den Topf schließen und das Fleisch eine weitere Stunde schmoren.
Inzwischen die abgezogenen Schalotten in 20 Gramm Butter in einer Pfanne anbraten. Etwas vom Kalbsbackerl-Fond zugießen und die Schalotten in der offenen Pfanne weichdünsten. Salzen.
Fertig gegarte Fleischstücke aus der Flüssigkeit heben. Den Fond durch ein Haarsieb gießen und mit der restlichen Butter im Mixer oder mit dem Pürierstab aufmixen. Mit Salz und Pfeffer abschmecken.
Die Kalbsbackerl unter dem vorgeheizten Grill oder im Backofen bei 250°C (Oberhitze) bräunen.
Fleisch mit Soße und Schalotten anrichten.

Altfränkische Rindsroulade

4 Scheiben Rouladen- fleisch (à 200 g)	2 EL gehackte Petersilie	1/2 l Brühe
2 EL scharfer Senf	1 Stange Lauch	1/4 l Rotwein
8 Scheiben durchwach- sener Speck	1/4 Sellerie	Lorbeerblatt
2 Karotten	2 Karotten	Wacholderbeeren
2 Essiggurken	4 EL Öl	Estragon
2 EL Öl	3 EL Tomatenmark	Thymian
	3 EL Mehl	Pfeffer aus der Mühle, Jodsalz, Zucker

Das Rouladenfleisch mit wenig Salz und Pfeffer würzen, gleichmäßig mit scharfen Senf bestreichen. Je zwei Speckscheiben darauflegen und zusammen mit kleingeschnittenen Karotten und Essiggurken einrollen, am besten mit einem Faden zusammenbinden, evtl. auch mit Zahnstocher. In heißem Öl die Rouladen rundum anbraten, herausnehmen, das klein- geschnittene Wurzelwerk dazugeben und kurz anrösten. Tomatenmark und Mehl hinzufügen, gut verrühren und mit Brühe und Rotwein ablö- schen. Gewürze und Rouladen hinzugeben und ca. 35 bis 40 Minuten ga- ren.
Rouladen herausnehmen, Soße passieren und abschmecken.
Kartoffelpüree, garniert mit gerösteten Zwiebeln, und Blaukraut sind hier- für in Franken typische Beilagen.

Gefüllter Ochsenschwanz

1 Zwiebel	1 Lorbeerblatt	100 ml Milch
1 Karotte	5 EL Öl	30 g Butter
1 Knoblauchzehe	Salz	1 Schalotte
4 Schalotten	1 TL Tomatenmark	1 TL durchwachsener
2 bis 2,5 kg Ochsen-	2 Tomaten	Speck in Würfeln
schwanz in Stücken	1/2 l Brühe	1/2 Bund Petersilie
1 l Rotwein	2 Schweinenetze	Salz
5 Wacholderbeeren	60 g Butter	Schwarzer Pfeffer aus
1 Stengel Thymian	**Für die Semmel-**	der Mühle
je 5 Koriander- und	**knödel:**	Muskat
Pfefferkörner	6 altbackene Semmeln	1 Ei

Zwiebel, Karotte, Knoblauch und Schalotten schälen und grob zerteilen. Ochsenschwanz mit Rotwein, dem Gemüse, 1/4 l Wasser, Wacholderbeeren, Thymian, Koriander, Pfeffer und Lorbeer in einer großen Schüssel mischen. Zugedeckt für 2 Tage im Kühlschrank ziehen lassen.

Das Ganze durch ein Sieb gießen und die Flüssigkeit auffangen. Die Fleischstücke heraussuchen, abtrocknen und in heißem Öl rundherum braun anbraten. Salzen.

Abgetropftes Gemüse, Tomatenmark und Tomatenstücke zufügen und kurz anschmoren. Mit dem Rotwein-Gewürz-Sud ablöschen. Brühe oder Wasser zufügen und bei kleiner bis mittlerer Hitze 2 1/2 Stunden kochen, bis der Ochsenschwanz weich ist und das Fleisch sich leicht vom Knochen lösen läßt.

Die Schwanzstücke aus dem Kochfond nehmen und das Fleisch so vom Knochen lösen, daß möglichst große Stücke entstehen. Die Knochen wieder in den Fond geben und weitere 15 Minuten kochen.

Den Fond durch ein mit einem Tuch ausgelegtes Sieb gießen und im offenen Topf bis auf ein Viertel der Menge eindampfen lassen.

Inzwischen für den Semmelknödelteig die Semmeln in Scheiben schneiden und in eine Schüssel geben. Milch erwärmen. Butter zerlassen und

Serviervorschlag:
Den Fond mit einem Stück Butter im Mixer oder mit dem Pürierstab aufmixen und zum gefüllten Ochsenschwanz servieren.

darin die kleingeschnittene Schalotte, Speck und Petersilie andünsten. Zusammen mit der Milch auf die Semmelscheiben geben. Mit Salz, Pfeffer und Muskat würzen. Etwa 30 Minuten stehen lassen. Das verquirlte Ei zufügen und die Masse noch mal gründlich durchmischen.

Aus dem Teig kleine Knödel formen, die in der Größe etwa dem Durchmesser des Schwanzknochens entsprechen. Die ausgelösten Fleischstücke jeweils so um einen kleinen Knödel herum festdrücken, daß die ursprüngliche Form des Ochsenschwanzes wieder entsteht.

Die Fleischstücke jeweils in Stücke vom Schweinenetz wickeln und in 20 Gramm Butter und dem restlichen Öl rundherum kurz anbraten. Im vorgeheizten Backofen bei 200 °C in 10 bis 12 Minuten fertig garen.

Süßsaures Rinderherz

200 g Rinderherz	1/4 l Rotwein
Beize:	**übrige Zutaten:**
1 Tasse Essig	1/2 Tasse Öl
2 Karotten	3 EL Tomatenmark
1/2 Stange Lauch	4 gehäufte EL Mehl
1/4 Sellerie	1 Tasse Rotwein
1 Zwiebel	60 g Soßenlebkuchen
Wacholderbeeren	Pfeffer, Jodsalz
Lorbeerblatt	Etwas Essig und
2 Nelken	Zucker

Mit 1 Liter Wasser, Essig, dem kleingeschnittenen Gemüse, Zwiebeln sowie den Gewürzen und dem Rotwein eine Beize herstellen. Das Rinderherz 4 oder 5 Tage darin einlegen und an einem kühlen Ort aufbewahren.

Herz herausnehmen und die Beize abseihen. Gemüse und Sud aufheben. Öl erhitzen und abgetropftes Gemüse darin anbraten. Tomatenmark dazugeben, gut verrühren, Mehl hinzu und das Ganze etwas anrösten. Mit der Beize unter kräftigem Rühren aufgießen und aufkochen. Anschließend das Herz dazu und ca. 50 Minuten köcheln lassen.

Wein und zerkleinerten Soßenlebkuchen dazugeben und fertiggaren.

Herz herausnehmen, Soße durchpassieren und mit Pfeffer, Jodsalz und evtl. Essig und etwas Zucker abschmecken.

Herz in Scheiben aufschneiden und Soße darübergießen.

Hierzu passen Kartoffelkroketten und Feldsalat.

Kalbsbeuschel

800 g küchenfertige Kalbslunge	250 g Lauch
1 Zwiebel	150 ml Rotweinessig
Salz	1/2 EL Schmalz
Zucker	1/2 EL Butter
4 Pfefferkörner	1 TL Tomatenmark
2 Nelken	1/4 l Brühe
2 Wacholderbeeren	1/8 l Riesling
2 Lorbeerblätter	6 EL Schlagsahne
1 Karotte	Etwas gehackte Petersilie

Lunge in reichlich kaltem Wasser etwa 1 Stunde wässern. Abgießen und mit kaltem Wasser bedeckt aufkochen.
Grobgewürfelte Zwiebeln, Salz, Zucker, Pfefferkörner, Nelken, Wacholderbeeren, Lorbeer, geschälte Karotte, gewaschenen Lauch und Essig zufügen und ca. 1 1/2 Stunden leise kochen lassen.
Wenn das Einstechen mit einer Fleischgabel ohne Widerstand gelingt, ist die Lunge gar.
Beuschel im Sud 1 bis 2 Tage im Kühlschrank stehen lassen.
Das Fleisch herausnehmen und in sehr feine Streifen schneiden.
In einem Topf Schmalz und Butter zerlassen. Beuschel und Tomatenmark hinzufügen und anschmoren. Mit Kalbsfond ablöschen, Riesling beigeben und Sahne unterrühren.
Eventuell etwas nachwürzen und mit Petersilie anrichten.

Gefüllte Kirchweihgans

1 Bauerngans	1 Bund Petersilie,
1 EL Öl	fein gehackt
200 g Rinderhack	Beifuß
100 g Schweinehack	2 Äpfel
2 Eier	Pfeffer aus der Mühle
2 altbackene Semmeln	Jodsalz
1/2 Zwiebel	200 g Wurzelwerk

Innereien aus der Gans nehmen, Herz und Leber kleinschneiden und in heißem Öl anbraten. Flügel von der Gans entfernen und zusammen mit dem Hals kleinschneiden. Rinder- und Schweinehack mit den Eiern und den eingeweichten und ausgedrückten Semmeln zu einer Masse aufbereiten. Zwiebel fein schneiden, Petersilie und Beifuß hacken und beides unter die Hackmasse mischen.
Äpfel schälen, ausstechen, achteln in kleine Stücke schneiden, vorsichtig unter die Hackmasse mengen, mit Pfeffer und Jodsalz abschmecken und in die ausgewaschene, ausgelaufene Gans einfüllen.
Die Gans wird zugenäht und mit wenig Salz und Pfeffer ringsum gewürzt. Gehacktes Geflügelklein kurz anbraten, etwas Wurzelwerk dazugeben und die Gans darauf setzen. Mit Wasser wird angegossen und bei ca. 200 °C wird je nach Größe 1 bis 1½ Stunden gebraten.
Fränkische Rohe Klöße und Blaukraut machen das Kirchweihfest perfekt.

Freilandhendl aus dem Pfeffertopf

Freilandhendl	250 ml trockener
1 Zweig Rosmarin	Weißwein
70 ml gutes Olivenöl	Salz,
4 EL schwarze	Pfeffer aus der Mühle
Pfefferkörner	zum Würzen

Das Freilandhendl von innen und außen würzen und einen Rosmarinzweig hineinlegen.
In einen schweren Bräter oder Gußtopf mit Deckel das Huhn, Olivenöl und die schwarzen, zerstoßenen Pfefferkörner geben. Nun das Ganze im geschlossenen Topf in den Backofen schieben. Nach ca. 50 Minuten den Weißwein beigeben und das Hendl ca. 20 bis 25 Minuten ohne Deckel weitergaren.
Wenn das Hendl eine schöne Farbe bekommen hat, herausnehmen und anrichten. Die in dem Topf entstandene Soße passieren und zum Hendl reichen.

Kartoffelgemüse mit Geräuchertem

800 g geräuchertes Bauchfleisch	Majoran
	1 TL Kümmel
800 g Kartoffeln	1 Bund Petersilie
1/2 Zwiebel	1/2 Tasse Sahne
4 EL Öl	Muskat
4 EL Mehl	weißer Pfeffer, Jodsalz
1 Tasse Milch	2 EL Essig

Geräucherten Bauch in Wasser auf den Punkt kochen (etwa 45 Minuten). Geschälte Kartoffeln in ½ Zentimeter starke Scheiben schneiden und in Salzwasser auf den Biß garen. Zwiebel fein schneiden und in heißem Öl glasig dünsten.

Mehl hinzugeben, gut verrühren, mit Milch und einem Teil des Kartoffelkochwassers aufgießen. Majoran, Kümmel und Petersilie dazugeben, sämig einkochen und mit Sahne verfeinern.

Abgeschüttete Kartoffelscheiben dazugeben, mit Muskat, Pfeffer und Jodsalz abschmecken und am Ofenrand kurze Zeit ziehen lassen.

Vor dem Servieren 2 Eßlöffel Essig unterrühren.

Gegarten Bauch in Scheiben schneiden und dazu reichen.

Linseneintopf mit gebackenen Weißwurstradeln

70 g Linsen	50 g Sellerie, in	Mehl
1 Knoblauchzehe	Würfel geschnitten	1 Ei
30 g Bauernspeck	8 Schalotten	Entrindetes, fein
30 g Zwiebeln	Salz	geriebenes Weißbrot
1 TL Tomatenmark	Schwarzer Pfeffer aus	Etwas Butter zum
Weinessig	der Mühle	Braten
1/4 l Brühe	Majoran	Nach Belieben
50 g Karottenwürfel	Balsamessig	4 Scheiben
50 g Lauchscheiben	4 Weißwürste	Frühstücksspeck

Die Linsen über Nacht in Wasser einweichen, abgießen und abtropfen lassen. Einen Topf mit Knoblauch ausreiben, den kleingeschnittenen Speck und die gehackten Zwiebeln darin andünsten. Das Tomatenmark zugeben und kurz anrösten. Die Linsen in den Topf schütten, mit einem Spritzer Weinessig würzen und mit der Brühe auffüllen. Köcheln lassen und nach einer halben Stunde die Gemüsewürfel sowie die geschälten ganzen Schalotten zugeben. 15 Minuten köcheln, mit Salz, Pfeffer und Majoran würzen. Mit Balsamessig abschmecken.

Von den Weißwürsten die Haut abziehen und die Würste schräg aufschneiden. Die Scheiben in Mehl und verquirltem Ei wenden, mit den Weißbrotkrumen panieren und in Butter kroß braten. Das Linsengemüse mit den Weißwurstscheiben anrichten und – je nach Geschmack – eine Scheibe knusprig gebratenen Frühstücksspeck dazugeben.

Gemüseeintopf mit Bratwurstnockerln

1/2 Blumenkohl	1 Bund Schnittlauch
4 Karotten	1/2 Bund Petersilie
1 Stange Lauch	Majoran, Muskat
1/2 Kopf Sellerie	Kerbel
1/2 Zwiebel	Pfeffer aus der Mühle
2 Knoblauchzehen	Jodsalz
2 EL Öl	*Nockerl:*
4 geschälte Kartoffeln	500 g Bratwursthack
1 1/4 l Fleisch- oder Gemüsebrühe	2 Eier
	1/2 Bund Petersilie

Gemüse putzen, waschen und in mundgerechte Stücke zerteilen. Zwiebeln und Knoblauchzehen fein schneiden und in Öl glasig dünsten. Gemüse und die in Würfel geschnittenen Kartoffeln hinzugeben; mit Fleisch- oder Gemüsebrühe aufgießen, Kräuter und Gewürze dazugeben und alles auf den Biß garen.

Für die Nockerl Bratwursthack mit den Eiern und Petersilie kräftig verrühren und davon mit einem Teelöffel kleine Nockerl in den Eintopf abstechen und am Ofenrand fertiggaren.

Dazu reicht man herzhaftes Bauernbrot.

Eintopf von verschiedenen Gemüsen mit Kräutern

600 g Kartoffeln	3 EL Öl
250 g Weißkraut	2 Schalotten
100 g Wirsing	1 1/2 l gute
2 Karotten	Fleischbrühe
2 Stangen Lauch	1 Knoblauchzehe
2 Kohlrabi	2 Stengel Thymian
100 g grüne Bohnen	1 Lorbeerblatt
1/2 Bund Petersilie	Salz
1/2 Bund Schnittlauch	Pfeffer aus der Mühle
	Muskat

Kartoffeln schälen und würfeln. Alle Gemüse putzen. Weißkraut und Wirsing in Rauten, Karotten in Scheiben, Lauch und Kohlrabi in fingerbreite Streifen schneiden. Petersilie hacken, Schnittlauch fein schneiden.
Öl in einem Topf erhitzen und die in Streifen geschnittenen Schalotten darin glasig dünsten.
Bohnen, Karotten und Kohlrabi zufügen und kurz schmoren.
Lauch, Lorbeer, Weißkraut und Wirsing in den Topf geben. Mit Brühe auffüllen und die Suppe einmal aufkochen.
10 bis 15 Minuten bei mittlerer Hitze leicht kochen lassen.
Zerdrückten Knoblauch und Thymian zufügen und weitere 5 Minuten garen.
Den Eintopf mit Salz, Pfeffer und Muskat abschmecken.
In eine vorgewärmte Schüssel oder Terrine füllen. Zum Servieren mit Petersilie und Schnittlauch bestreuen.

Karpfen in Wurzelsud

4 halbe Karpfen	Lorbeerblatt
2 Karotten	Wacholderbeeren
1 Stange Lauch	2 Nelken
1/4 Sellerie	Pfefferkörner
1 Zwiebel	Schnittlauch, Petersilie
1 Tasse Weißweinessig	Dillzweige

Karpfen an der Bauchinnenseite gut abwaschen und Kiemen herausnehmen. Geputzte Karotten, Lauch und Sellerie sowie Zwiebel in feine Scheiben schneiden.

Etwa 1 1/2 l Wasser zum Kochen bringen, Essig und Gewürze dazugeben, ebenso das geschnittene Gemüse, alles kurz garen. Zwei Karpfenhälften mit der Haut nach oben einlegen, bis zum Siedepunkt erhitzen und dann nur noch ziehen lassen, bis die Karpfen gar sind, kurz vorher Petersilie, Dill und Schnittlauch dazugeben. Diesen Vorgang mit den restlichen Karpfen wiederholen.

Sahnemeerrettich und Salzkartoffeln sind die typischen Beilagen zu diesem Gericht.

Saibling auf zweierlei Petersilienpüree

2 Saiblinge à 600 g	1/4 l Sahne
20 weiße Pfefferkörner	1/4 l Fleischbrühe
4 Lorbeerblätter	Muskat
1/2 Zitrone	30 g Butter
Salz	reichlich geschlagene
Pfeffer	Sahne
500 g Petersilien-	2 bis 3 EL feinge-
wurzeln	hackte Petersilie

Die Saiblinge – die besten kommen aus dem Königssee – filieren und die restlichen Gräten mit einer Pinzette ziehen, danach die Haut entfernen.
In einen Topf mit Siebeinsatz die Pfefferkörner, Lorbeerblätter und die Zitrone geben, mit etwas Wasser auffüllen, den Siebeinsatz daraufgeben und den Fond aufkochen.
Die Saiblingsfilets salzen und pfeffern und mit der Hautseite nach unten auf das Sieb legen und ca. 3 bis 4 Minuten dämpfen, so daß der Saibling noch schön glasig ist.
Die Petersilienwurzeln schälen, klein schneiden und in der Sahne und Fleischbrühe weichkochen, mit Salz, Pfeffer und Muskat würzen und pürieren, danach mit der Butter und der geschlagenen Sahne verfeinern. Die Hälfte dieses Pürees mit feingehackter Petersilie mischen.

Mainhecht in Schnittlauchsoße

1 1/2 kg Hecht	4 EL Mehl
1 Zitrone	1 Tasse Milch
1 gespickte Zwiebel	1/2 Tasse Sahne
1 Suppenbund	2 Bund Schnittlauch
1/2 Zwiebel	Jodsalz
2 EL Öl	Pfeffer aus der Mühle

Ausgenommenen Hecht schuppen, Kopf und Schwanz entfernen. Hecht in ca. 2 cm starke Tranchen schneiden und kurz mit Zitronensaft beträufeln.
Etwa 1 l leicht gesalzenes Wasser mit der gespickten Zwiebel und dem Suppenbund zum Kochen bringen. Hechttranchen einlegen und langsam garen.
In der Zwischenzeit feingeschnittene Zwiebel in Öl glasig dünsten, Mehl dazugeben, gut verrühren und mit der Milch und einem Teil vom Fischsud aufgießen.
Sämig einkochen, Sahne und feingeschnittenen Schnittlauch dazugeben und mit Jodsalz und Pfeffer aus der Mühle würzen.
Hecht aus dem Sud nehmen und abtropfen lassen, mit der Soße anschließend überziehen.
Neue Kartoffeln, in Butter leicht angebraten, wären hierzu passend.

Geräucherter Waller auf Kürbis-Kartoffelsalat

400 g geräucherter Waller	100 g eingelegte Kürbisstückerl
1 kg Salatkartoffeln (Selma)	1/2 l Brühe
	4 EL Öl
40 bis 60 g durchwachsenes Wammerl	3 EL Weinessig
	Salz, Weißer Pfeffer
1 Zwiebel	1 Bund Schnittlauch

Gewaschene Kartoffeln in Salzwasser 20 Minuten kochen. Abgießen, kalt abschrecken und schälen.
Die noch warmen Kartoffeln in feine Scheiben schneiden.
In einer Pfanne Speck anbraten und Zwiebelwürfel darin glasig dünsten. Über die warmen Kartoffelscheiben geben.
Eingelegte Kürbisstückerl fein schneiden und zu den Kartoffeln geben.
Brühe erhitzen. Mit Öl, Essig, Salz und Pfeffer zu der Masse geben und vorsichtig mischen.
Feingeschnittenen Schnittlauch unterheben. Mit Salz und Pfeffer nachwürzen und mit dem lauwarm geräucherten Wallerfilet sofort servieren.

Knoblauchzander mit warmem Kartoffelsalat

4 Zanderfilets	40 g Butter
2 Zitrone	1 TL Kapern
Weißer Pfeffer aus der Mühle	2 Knoblauchzehen
Jodsalz	1/2 Bund Schnittlauch
4 EL Öl	2 EL Petersilie

Zanderfilet mit Zitrone beträufeln und leicht mit Pfeffer und Salz würzen. Öl erhitzen und die Zanderfilets darin in ca. 12 Minuten braten. Butter auslassen, gehackte Kapern und Knoblauch dazugeben, ebenfalls Schnittlauch und Petersilie. Alles gut verrühren und diese Masse zum Schluß über die gebratenen Zander verteilen.
Als Beilage eignen sich warmer Kartoffelsalat und Endiviensalat.

Zander, in der Haut gebraten, auf Bohnen

200 g rote Bohnen	Salz
400 g grüne Bohnen	Pfeffer aus der Mühle
4 Fleischtomaten	100 ml Brühe
2 EL Öl	1 Zander ca. 1,2 kg
40 bis 60 g geräuchertes Wammerl	oder zwei Zanderfilets à 350 g mit Haut
1 Zwiebel	etwas Keimöl zum
1 Stiel Bohnenkraut	Braten

Für das Gemüse die gewaschenen Bohnen putzen und schräg in 2 cm breite Stücke schneiden. Tomaten kurz in kochendem Wasser blanchieren, die Haut abziehen und in feine Rauten schneiden. In einem Topf Öl erhitzen, Speckwürfel darin anbraten und Zwiebelwürfel glasig dünsten. Bohnen und abgezupftes Bohnenkraut zufügen, mit Salz und Pfeffer würzen und die Brühe zugießen. Im geschlossenen Topf 10 Minuten dünsten. Inzwischen das Zanderfilet in vier gleichgroße Stücke teilen (am besten vom Fischhändler vorbereiten lassen).
Die Stücke leicht mit Salz und Pfeffer würzen.
Den Zander auf der Hautseite in einer heißen Pfanne mit Öl ca. 2 bis 3 Minuten gut braten, bis die Haut richtig kroß ist. Danach kurz wenden.
Unter das in der Zwischenzeit gedünstete Gemüse die Tomatenrauten mischen und rasch zusammen mit den Zanderfilets auf vorgewärmten Tellern anrichten.

Fränkische Beilagen

Rohe Klöße 92
Halbseidene Klöße 94
Kartoffelbackers 96
Serviettenklöße 98
Blaukraut 100
Weinsauerkraut 102
Speckwirsing 104
Spargelgemüse 106
Gebundene grüne Bohnen 108
Rahmkohlrabi 110

Bayerische Beilagen

Kartoffel-Sauerkrautknödel	93
Gefüllte Blut- und Leberwurstknödel	95
Kartoffelstrudel	97
Brezenknödel	99
Rotwein-Zwiebelkraut	101
Bayerisches Pfefferkraut	103
Wirsing-Kartoffelpüree	105
Spargelschmarren	107
Weißes Bohnenpüree	109
Schwammerlgröstel mit Schalotten	111

Fränkische Beilagen

Kartoffeln gehören auf den Tisch und nicht in den Keller. In Franken nimmt man das wörtlich.

Alle Arten von Kartoffelklößen und sämtliche Backersvarianten haben hier ihren Ursprung. Ein Braten ohne Klöße ist in Franken wie eine Blume ohne Duft.

Aber auch das Kraut, ob weiß oder rot, ganz egal, die Zubereitung geht von süß bis sauer, kalt oder warm. Der Phantasie sind keine Grenzen gesetzt.

Gemüse steht im Vordergund, der Salat muß klein beigeben.

Die Vielfältigkeit in der Zubereitung der Beilagen bringt die fränkischen, erlesenen Gerichte erst zur Vollendung. Aber auch ganz solo, mit kräftiger Soße läßt man sich hier die Beilagenkombinationen schmecken.

»Ohne Kloß ist hier nichts los!«

Bayerische Beilagen

Die richtige Beilage rundet eine Schlemmermahlzeit erst ab. Und drum, wen wundert's, hegen die Bayern eine über die Landesgrenzen hinaus bekannte Vorliebe für Knödel. Denn das ist schließlich eine runde Sache. Mit Kartoffel-, Semmel-, Speck- oder Leberknödeln ist für Abwechslung gesorgt.
Und wer die Erdäpfel lieber in anderer Form mag, kommt auch nicht zu kurz: Kartoffelstrudel, Kartoffelnudeln und viele andere Zubereitungsvarianten für diese edle Knolle machen erst so richtig Appetit.

Rohe Klöße

2 kg Kartoffeln (eine mehlige Sorte)	Muskat
	2 altbackene Semmeln
Salz	30 g Butter

Die Kartoffeln schälen, die Hälfte davon etwas kleinschneiden und im leichten Salzwasser kochen. In der Zwischenzeit die andere Hälfte der Kartoffeln roh reiben. Die geriebenen Kartoffeln in ein Tuch geben und fest ausdrücken. Das ablaufende Wasser sammeln, warten bis die Stärke abgesetzt hat, Wasser abschütten und diese Stärke wieder den Kartoffeln zufügen.

Die gekochten Kartoffeln abseihen, kurz ausdampfen lassen und durch die Kartoffelpresse drücken. Beide Kartoffelmassen roh und gekocht, zu einem Kloßteig vermengen, mit Salz und Muskat würzen.

Altbackene Semmeln in Würfel schneiden, diese Würfel in heißer Butter in der Pfanne anrösten.

Je eine Handvoll Kartoffelmasse nehmen, eine Vertiefung eindrücken, einige Semmelwürfel hineingeben und zu einer Kugel formen.

Die Klöße sofort in kochendes Salzwasser geben und am Ofenrand ziehen lassen.

Kartoffel-Sauerkrautknödel

Kartoffelteig:
- 500 g Kartoffeln
- 120 g Kartoffelstärke
- 3 Dotter
- 25 g braune Butter
- Salz, Pfeffer, Muskat

Fülle:
- 100 g Sauerkraut
- 1/8 l Rindssuppe oder Wasser
- 50 g Bauchspeck, fein gewürfelt
- 100 g Topfen
- 1 Bund Schnittlauch in Röllchen
- 1 Knoblauchzehe
- 2 Semmeln

Die Kartoffeln schälen, in gleichgroße Stücke zerteilen und im Rohr weichdünsten. Danach im Rohr ca. 5 Minuten ausdämpfen lassen. Die Kartoffeln passieren und Kartoffelstärke, Dotter und braune Butter dazugeben. Mit Salz, Pfeffer und Muskat würzen. Alles rasch zu einem Teig verkneten. Den Teig in 40 Gramm Stücke portionieren. Jedes Teigstück zu einer Kugel formen, plattdrücken, füllen und zu einem Knödel drehen.

Für die Fülle das Sauerkraut fein hacken, mit Rindssuppe oder Wasser bedecken und kochen lassen bis die ganze Flüssigkeit verdunstet ist. Den würfelig geschnittenen Speck anrösten und unter das Sauerkraut mischen. Die Fülle vom Herd nehmen und den Topfen, Schnittlauch und zerdrückten Knoblauch daruntermischen. Die Semmeln entrinden, in Würfel schneiden, braun rösten und ebenfalls unter die Fülle mischen. Eventuell mit Salz und Pfeffer abschmecken. Die fertige Fülle kaltstellen, zu Kugeln formen und in den Kartoffelteig eindrehen. Die Knödel können ca. 10 Minuten in Salzwasser gekocht werden oder in Schweinenetz einwickeln und ca. 15 Minuten im Rohr braten.

Halbseidene Klöße

1,5 kg Kartoffeln	*4 Eier*
150 g Mehl	*Jodsalz, Muskat*
150 g Kartoffelmehl	*2 altbackene Semmeln*
1/2 Tasse Milch	*30 g Butter*

Geschälte Kartoffeln in Stücke schneiden und in Salzwasser kochen. Die Kartoffeln abschütten, gut abtropfen und etwas ausdampfen lassen. Anschließend durch die Kartoffelpresse drücken und nochmals auskühlen lassen. Mehl, Kartoffelmehl, Milch und die Eier dazugeben, mit Jodsalz und Muskat würzen und zu einer kompakten Masse verkneten.
Altbackene Semmeln in Würfel schneiden und mit heißer Butter in der Pfanne anrösten. Eine Handvoll Kloßmasse entnehmen und eine Vertiefung eindrücken, einige Semmelwürfel hineingeben und zu einer Kugel formen.
Die Klöße in kochendes Salzwasser geben und am Ofenrand ziehen lassen.

Gefüllte Blut- und Leberwurstknödel

Kartoffelteig:	150 g Blutwurst
500 g Kartoffeln	10 ml Sahne
120 g Kartoffelstärke	Je 1 Bund Petersilie
3 Dotter	und Schnittlauch
25 g braune Butter	2 Semmeln, entrindet
Salz und Pfeffer	Salz, Muskat
Muskat	Geröstete Speckwürfel
Fülle:	Etwas Schnittlauch
150 g Leberwurst	zum Bestreuen

Die Kartoffeln schälen, in gleichgroße Stücke zerteilen und im Rohr weichdünsten. Danach im Rohr ca. 5 Minuten ausdämpfen lassen. Die Kartoffeln passieren und Kartoffelstärke, Dotter und braune Butter dazugeben. Mit Salz, Pfeffer und Muskat würzen. Alles rasch zu einem Teig verkneten. Den Teig in 40 Gramm Stücke portionieren. Das Teigstück zu einer Kugel formen, plattdrücken, füllen und zu einem Knödel drehen.
Für die Fülle die Würste mit der Sahne aufkochen lassen, mit Salz und Muskat würzen. Die Petersilie und den Schnittlauch zugeben. Die Semmeln in Würfel schneiden, gut anrösten und darunter mischen. Die Fülle erkalten lassen und zu Kugeln, je 20 Gramm, drehen. Die Knödel werden im Salzwasser ca. 5 Minuten gekocht und mit gerösteten Speckwürfeln angerichtet, mit Schnittlauch bestreut.

Kartoffelbackers

1200 g Kartoffel	Jodsalz
2 EL Kartoffelmehl	Muskat
4 Eigelb	Öl

Geschälte Kartoffeln roh reiben, die Hälfte grob. Beides zusammen in ein Tuch geben und gut in eine Schüssel ausdrücken. Wenn sich die Stärke abgesetzt hat, Kartoffelwasser abschütten und die Stärke unter die Kartoffeln geben, ebenfalls das Mehl und die Eigelbe. Mit Salz und Muskat würzen und zu einer Masse verrühren.
Öl in einer Pfanne erhitzen, Backers in Bierdeckelgröße formen, allerdings etwas dicker, und in heißem Öl goldgelb ausbraten.

Kartoffelstrudel

250 g glattes Mehl	50 g durchwachsener Speck	Salz
1/8 l lauwarmes Wasser	50 g Zwiebeln, gehackt	Schwarzer Pfeffer aus der Mühle
1 Prise Salz	1 TL glatte Petersilie, gehackt	Majoran
40 g Öl		Muskat
1 Eigelb	150 g Kartoffeln, gewürfelt und blanchiert	Kümmel, gemahlen
300 g mehlige Kartoffeln, gekocht	20 g Butter	2 Eigelb
1/8 l Milch		40 g Butter
		1 Eigelb

Für den Strudelteig Mehl und Wasser mit einer Prise Salz, der Hälfte des Öls und dem Eigelb glatt verkneten, den Teig mit dem restlichen Öl einstreichen, zudecken und bei Zimmertemperatur rund 30 Minuten ruhen lassen.

Für die Füllung die frisch gekochten Kartoffeln pellen, durch eine Presse drücken und mit der warmen Milch zu einer glatten Masse vermengen. Den Speck auslassen, die Zwiebeln dazugeben und goldgelb dünsten. Speck, Zwiebeln und Petersilie mit den passierten Kartoffeln mischen. Die Kartoffelwürfel in Butter anrösten, zum Kartoffelteig geben, gut abschmecken und die Eigelbe einarbeiten.

Den Teig über einem Tuch ausrollen und so dünn wie möglich ausziehen. Die Butter zerlassen, über den Teig träufeln und mit der Füllung belegen. Mit Hilfe des Tuches den Strudel aufrollen und in eine gebutterte Form legen. Das Eigelb mit wenig Wasser verquirlen und den Strudel mit der Mischung bestreichen.

In den 200°C heißen Ofen stellen und 25 bis 30 Minuten goldbraun backen.

Serviettenklöße

10 altbackene Semmeln	30 g Butter
1/4 l Milch	5 Eier
1 kleine Zwiebel	Jodsalz
	weißer Pfeffer

Altbackene Semmeln in kleine Würfel schneiden. Milch erhitzen und über die geschnittenen Semmeln geben. Vorsichtig vermengen und zugedeckt kurz einwirken lassen.
Zwiebel fein schneiden und in Butter glasig dünsten. Eier, Zwiebeln, Salz und Pfeffer zu den Semmeln dazugeben, alles locker vermengen, nicht kneten, und noch kurz stehen lassen.
Aus dieser Masse zwei große Knödel formen, jeweils in ein Küchentuch einschlagen, die vier Tuchenden zusammenbinden und in kochendes Salzwasser geben. Am Ofenrand auf dem Siedepunkt fertiggaren.
Gegarten Kloß aus dem Tuch nehmen, in Achtel aufteilen und sofort servieren.

Brezenknödel

150 g frische Laugenbrezen ohne Salz	1 kleine Zwiebel
100 ml Milch	50 g Butter
3 Eier	Salz
1 Bund Petersilie	Schwarzer Pfeffer aus der Mühle
	Muskat

Die Brezen in 1 cm große Würfel schneiden. Aufgekochte, leicht abgekühlte Milch und die Eier zugeben. Gehackte Petersilie und Zwiebelwürfel in 20 Gramm Butter andünsten und zur Milch-Brezen-Masse geben. Mit einem Kochlöffel vorsichtig durchheben und die Mischung mit Salz, Pfeffer und einer Prise Muskat abschmecken. Ein großes Stück starke Alufolie mit Butter einstreichen. Die Brezenmasse zu einer länglichen Rolle von etwa 3 cm Durchmesser formen und in die Folie einwickeln. Die Enden fest zusammendrehen, damit die Rolle wasserdicht verschlossen ist. Die Knödelrolle in einem Topf mit leicht siedendem Wasser etwa 30 Minuten garen. Kurz abkühlen lassen und aus der Rolle nehmen. Die Rolle in fingerdicke, schräge Scheiben schneiden und in der Pfanne in der restlichen heißen Butter von beiden Seiten goldgelb braten.

Blaukraut

1 großer Kopf Blaukraut	1/4 l Johannisbeersaft, schwarz
2 feste, säuerliche Äpfel	1 Tasse trockener Rotwein
4 EL Öl	2 EL Kartoffelmehl
Lorbeerblätter	1/2 Tasse Essig
Wacholderbeeren	Jodsalz
4 EL Preiselbeeren	Zucker

Blaukraut vierteln, großzügig den Strunk rausschneiden und in feine Streifen schneiden oder hobeln. Äpfel schälen, Kernhaus entfernen, achteln und in feine Scheiben schneiden.

Öl erhitzen, Äpfel darin andünsten, Kraut, Lorbeerblätter und Wacholderbeeren hinzugeben, mit Johannisbeersaft und einer Tasse Wasser angießen und zugedeckt auf den Biß dünsten.

Preiselbeeren und Rotwein kommen zum Schluß dazu, und mit angerührtem Kartoffelmehl wird das Blautkraut leicht gebunden. Essig hinzufügen und mit Salz und Zucker süß-sauer abschmecken.

Rotwein-Zwiebelkraut

300 g rote Zwiebeln	100 ml Rotwein
1 Korianderkern	Salz
1 Zweig Thymian	Weißer Pfeffer aus der Mühle
1 Nelke	
1 Wacholderbeere	1 Zitrone
1 Lorbeerblatt	6 bis 8 Basilikum-
1 EL Öl	blätter

Zwiebeln schälen und in Scheiben schneiden. In ein kleines Mulltuch oder Gewürzsäckchen Koriander, Thymian, Nelke, Wacholder und Lorbeer füllen und zusammenbinden.
Öl in einem Topf erhitzen. Zwiebeln darin anschmoren. Rotwein und Gewürze zufügen und im geschlossenen Topf 8 bis 10 Minuten garen. Die Zwiebeln sollten etwas knackig bleiben. Das Gemüse mit Zitronensaft säuerlich abschmecken und mit geschnittenem Basilikum bestreut servieren.

Weinsauerkraut

1/2 Zwiebel	1/2 l Apfelsaft
4 EL Öl	2 Kartoffeln
1 kg Sauerkraut	Salz, Pfeffer
Wacholderbeeren	Zucker
Lorbeerblatt	Essig

Zwiebel in feine Scheiben schneiden und in Öl andünsten. Gewaschenes Sauerkraut dazugeben, ebenfalls Wacholderbeeren und Lorbeerblatt, mit dem Apfelsaft aufgießen und zugedeckt auf den Biß garen.
Die rohen und geschälten Kartoffeln reiben und zum Schluß das Kraut damit binden. Mit Salz, Pfeffer, Essig und Zucker süß-sauer abschmecken.

Bayerisches Pfefferkraut

Etwas Pflanzenöl zum Anrösten	150 ml Brühe
1 EL zerstoßene Pfefferkörner	50 ml Sahne
	500 g gekochtes Sauerkraut

In einen Topf etwas Öl geben, den Pfeffer leicht anrösten, mit etwas Brühe ablöschen, kurz aufkochen lassen, Sahne beigeben und ca. 10 Minuten ziehen lassen.
Danach durchpassieren, das Sauerkraut erhitzen, die Pfeffersoße unter das Sauerkraut geben und servieren.

Speckwirsing

1 großer Kopf Wirsing	40 g Butter
80 g durchwachsener Speck	3 EL Mehl
	1/4 l Milch
2 EL Öl	1/2 Tasse Sahne
1/2 Zwiebel	Jodsalz, weißer Pfeffer
	Muskat

Wirsing putzen, waschen, vierteln, Strunk herausschneiden und grob hacken. Speck feinschneiden und zusammen mit dem Öl anschwitzen, gehackten Wirsing dazugeben, mit etwas Wasser angießen und zugedeckt dünsten.

Zwiebel kleinschneiden und in der Butter glasig dünsten. Mehl hinzugeben, gut verrühren und mit der Milch aufgießen. Kurz aufkochen, Sahne dazugeben und mit Jodsalz, Pfeffer und Muskat würzen.

Gedünsteten Wirsing dazugeben, alles gut verrühren, noch kurze Zeit köcheln lassen und eventuell etwas nachschmecken.

Wirsing-Kartoffelpüree

500 g Kartoffeln	Salz
Salz	Schwarzer Pfeffer aus der Mühle
200 g Wirsing	
100 ml Schlagsahne	Muskat
70 ml Milch	100 g Butter

Geschälte Kartoffeln in kochendem Salzwasser 20 Minuten garen. Abgießen, das Wasser auffangen.
Geputzten Wirsing in feine Streifen schneiden und im Kartoffelwasser etwa 10 Minuten kochen. Die heißen Kartoffeln zerdrücken und mit erhitzter Sahne und Milch zu einen lockeren Püree rühren. Mit Salz, Pfeffer und Muskat abschmecken, Butter unterrühren. Wirsingstreifen abtropfen lassen und unter den Kartoffelbrei mischen.

Spargelgemüse

1200 g Spargel	1/4 Milch
Etwas Zucker und Butter	1/4 l Spargelbrühe
	1/2 Tasse Sahne
50 g Butter	1/2 Bund Petersilie
4 EL Mehl	Jodsalz, weißer Pfeffer

Spargel waschen, schälen und in kleine Stücke schneiden. In gesalzenem Wasser mit etwas Zucker und einem Stück Butter auf den Biß garen. Den fertigen Spargel warm halten und die Spargelbrühe auffangen.
Butter erhitzen, Mehl dazugeben, gut verrühren, mit Milch und Spargelbrühe aufgießen, sämig einkochen, mit Sahne und Petersilie verfeinern und mit Jodsalz und weißem Pfeffer abschmecken.
Gekochten Spargel dazugeben, vorsichtig unterrühren und am Ofenrand noch etwas ziehen lassen.

Spargelschmarren

500 g Mehl	etwas Salz, Pfeffer
ca. 3/4 l Milch	1 kg weißer Spargel
ca. 50 g zerlassene Butter	1 EL Butter
	1 TL Olivenöl
5 Eier	etwas Öl

Aus Mehl, Milch, Butter, Eier und etwas Salz einen glatten Teig herstellen und 30 Minuten stehen lassen.

Spargel waschen, schälen, Stielenden entfernen und in ca. 3 cm lange Stücke teilen.

In einen Topf etwas Butter und Olivenöl geben, Spargel hinzugeben, mit Salz und Pfeffer würzen und ca. 5 bis 8 Minuten dünsten, den entstandenen Spargelfond einkochen lassen.

In eine große Pfanne etwas Öl geben, den Spargel hinzugeben und mit dem Schmarrenteig übergießen, von einer Seite ca. 2 bis 3 Minuten anbacken lassen, danach wenden und für 8 bis 10 Minuten in das vorgeheizte Backrohr geben. Herausnehmen und mit einer Gabel oder einem Messer zerteilen und servieren.

Gebundene grüne Bohnen

1200 g grüne Bohnen	1/4 l Milch
60 g Speck	1/4 l Bohnenbrühe
1/2 Zwiebel	frisches Bohnenkraut
50 g Butter	1/2 Tasse Sahne
4 EL Mehl	Jodsalz, weißer Pfeffer
	Essig nach Geschmack

Bohnen putzen, waschen, in mundgerechte Stücke teilen und in leicht gesalzenem Wasser auf den Biß garen. Speck und Zwiebel fein schneiden und in Butter glasig dünsten. Mehl hinzugeben, gut verrühren und mit Milch und Bohnenbrühe aufgießen; Bohnenkraut hinzugeben und sämig einkochen.

Zum Schluß mit Sahne verfeinern und mit Jodsalz, weißem Pfeffer und Essig abschmecken. Gekochte Bohnen hinzugeben, vorsichtig vermengen und noch einige Zeit ziehen lassen.

Weißes Bohnenpüree

200 g getrocknete weiße Bohnen	50 ml Sahne
1 EL Butter	Salz, Pfeffer
	etwas Bohnenkraut

Die über Nacht eingeweichten weißen Bohnen schälen und in leicht gesalzenem Wasser weichkochen, danach passieren, mit etwas Butter und Sahne verfeinern und mit Salz und Pfeffer würzen. Mit geschnittenem Bohnenkraut leicht abschmecken.

Rahmkohlrabi

1200 g junge Kohlrabi	1/4 l Kohlrabibrühe
1/2 Zwiebel	1/2 Tasse Sahne
50 g Butter	2 EL gehackte Petersilie
4 EL Mehl	Jodsalz, weißer Pfeffer
1/4 l Milch	Muskat

Vom Kohlrabi die äußeren Blätter entfernen, die inneren Herzblätter herausschneiden und fein hacken. Kohlrabi fein schneiden, vierteln, in Scheiben schneiden und in leicht gesalzenem Wasser bißfest garen.
Zwiebel fein schneiden und in Butter glasig dünsten. Mehl hinzugeben, gut verrühren, mit Milch und Kohlrabibrühe aufgießen und sämig einkochen. Zum Schluß mit Sahne verfeinern, gehackte Petersilie und die Herzblätter dazugeben, mit Jodsalz, weißem Pfeffer und Muskat abschmecken. Gekochte Kohlrabi beimengen, vorsichtig unterheben und am Ofenrand etwas ziehen lassen.

Schwammerlgröstel mit Schalotten

350 g gemischte Schwammerl	1/2 l Brühe oder Kalbsfond
80 g Butter	100 ml Schlagsahne
3 Schalotten, fein gewürfelt	Muskat
Salz	Pfeffer aus der Mühle
1 Knoblauchzehe	1 EL Sahne
	1 EL Petersilie

Die Stielenden der Pilze und alle wurmigen Stellen abschneiden, je nach Größe zerteilen. Butter in einer Pfanne erhitzen, gewürfelte Schalotten und zerdrückten Knoblauch darin glasig dünsten. Pilze dazugeben, salzen und zwei Minuten braten.
Brühe oder Kalbsfond und flüssige Sahne zufügen, aufkochen.
Mit Salz, Muskat und Pfeffer abschmecken.
Geschlagene Sahne und gehackte Petersilie unterheben.

Fränkische Süßspeisen

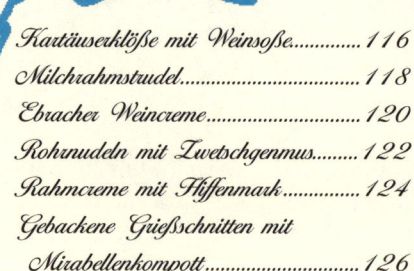

- Kartäuserklöße mit Weinsoße 116
- Milchrahmstrudel 118
- Ebracher Weincreme 120
- Rohrnudeln mit Zwetschgenmus 122
- Rahmcreme mit Hiffenmark 124
- Gebackene Grießschnitten mit
  Mirabellenkompott 126

Bayerische Süßspeisen

Buchteln mit Vanillesahne 117
Birnen-Quittenstrudel 119
Schmankerlcreme 121
Topfenknödel mit
　Zwetschgenröster 123
Rhabarberdatschi mit Vanilleeis 125
Grießauflauf mit Kirschkompott 127

Fränkische Süßspeisen

Als »Naschkatzen« sind sie bekannt, die Leute aus dem Frankenland.
Und hier wird zugeschlagen, nicht nur mit einem kleinen Dessert. Nein, Süßes gibt es oft als Hauptspeise. Ein Rahmstrudel mit heimischer Obstfüllung oder frisches Backwerk erfreuen Gaumen und Herz von groß und klein.
Da wird mit frischem Rahm, einem guten Tropfen Wein oder sonst manch edler Zutat zu den Leckereien nicht gegeizt.
Aus einfachen Dingen werden Köstlichkeiten gezaubert, die zu internationalem Ruf gelangten. Große Ereignisse werfen ihre Schatten voraus, in Franken werden diese Schatten durch edles Backwerk versüßt und kündigen somit jedes Fest an.
Süß muß es sein, dann paßt es auch gut zum Frankenwein!

Bayerische Süßspeisen

Ein wahres Aufgebot an verlockenden Kombinationen mit Mehlspeisen offenbart sich jedem, der's süß mag. Hier spürt man die Nähe der alten K. K. Monarchie, die mit den Mächten des Orients jahrhundertelang nicht nur Krieg geführt, sondern auch Rezepte ausgetauscht hat.

Wer's etwa an einem heißen Sommertag einmal weniger üppig mag, dem ersetzt eine der einfachen, typischen bayerischen Süßspeisen vielleicht sogar das Hauptgericht.

Für die meisten aber ist das süße Finale Abschluß und oft auch Höhepunkt eines mehrgängigen Festmenüs. Fein-Duftendes mit frischem Obst, das je nach Saison aus dem eigenen Garten kommt, spricht ohne viel Worte für die bayerische Gemütlichkeit.

Kartäuserklöße mit Weinsoße

6 altbackene Semmeln	**Weinsoße:**
1/2 Tasse Milch	1 Ei
1/2 Tasse Sahne	3 Eigelb
4 Eier	3 EL Zucker
1 EL Zucker	1/4 l trockener
1 Tasse Semmelbrösel	Frankenwein
Butter	Saft einer 1/2 Zitrone

Altbackene Semmeln in ca. 1 cm starke Scheiben schneiden. Milch, Sahne, Eier und Zucker kräftig miteinander verrühren und in ein flaches Gefäß gießen. Die Semmelscheiben darin einlegen, nach kurzer Zeit wenden.
Anschließend in den Semmelbröseln wenden und in der zerlassenen Butter ausbacken.
Für die Soße Ei, Eigelb und Zucker über dem Wasserbad zunächst verrühren, nach und nach zimmerwarmen Frankenwein und den Zitronensaft langsam darunterrühren und weiterhin über dem Wasserbad aufschlagen. Zu den ausgebackenen Semmelscheiben servieren.

Buchteln mit Vanillesahne

Buchteln:
250 g Mehl
20 g Hefe
35 g Zucker
0,2 l Milch
50 g zerlassene Butter
abgeriebene Schale von 1 unbehandelten Zitrone
2 Eigelb
50 g Walnüsse, fein gehackt
Salz

Vanillesahne:
1 bis 2 Vanilleschoten
1/4 l Schlagsahne
2 gestrichene EL Zucker

Das Mehl in eine Edelstahlschüssel geben und in die Mitte eine Vertiefung drücken. Darin die zerkleinerte Hefe mit etwas Zucker und lauwarmer Milch verrühren, zudecken und gehen lassen. Die restliche Milch mit der zerlassenen Butter, mit etwas Zucker, Salz, der geriebenen Zitronenschale und den Eigelben vermischen. Zu dem aufgegangenen Hefeansatz und den Walnüssen geben und kräftig schlagen, bis der Teig Blasen wirft. Nochmals gehen lassen. Anschließend 1 cm dick ausrollen, kleine Buchteln ausstechen und formen, durch lauwarme Butter ziehen und aufrecht stehend in einer Backform bei 50°C im Ofen nochmals gehen lassen. Bei 180°C etwa 20 Minuten backen.
Für die Vanillesahne die Vanilleschoten aufschlitzen und das Mark herauskratzen. 200 ml Sahne mit Zucker, Vanillemark und -schoten bei mittlerer Hitze zum Kochen bringen. Den Topf auf der Kochstelle erkalten lassen. Vanilleschoten herausnehmen.
Die Vanillesahne für mindestens zwei Stunden in den Kühlschrank stellen. Durch ein Sieb gießen und so lange mit dem Handrührer schlagen, bis die Sahne schaumig und dickflüssig geworden ist. Restliche Sahne steifschlagen und mit der Vanillesahne mischen.

Milchrahmstrudel

250 g Mehl	50 g Butter
2 EL Öl	1/2 Tasse Semmel-brösel
1 Eigelb	
Salz	4 EL Zimtzucker
1/2 Tasse lauwarmes Wasser	1/2 Tasse Weinbeeren
	3 EL gehackte Walnüsse
30 g Butter zum Bestreichen	
	Etwas Zitronensaft
Apfelfüllung:	1/2 Tasse Milch
6 Äpfel	1/2 Tasse Sahne

Mehl, Öl, Eigelb, Salz und lauwarmes Wasser gut miteinander vermengen und daraus einen glatten Strudelteig herstellen. Zugedeckt ca. 1 Stunde ruhen lassen.

Äpfel schälen, Kernhaus entfernen, vierteln und in feine Scheiben schneiden. Butter zergehen lassen, etwa die Hälfte der Semmelbrösel dazugeben und kurz anrösten. Äpfel, Zimtzucker, die restlichen Semmelbrösel, Weinbeeren und gehackte Walnüsse vermengen, mit Zitronensaft beträufeln und beiseite stellen.

Strudelteig halbieren und auf einem mit Mehl bestäubten Tuch ganz dünn ausziehen. Mit zerlassener Butter bestreichen und die Hälfte der Apfelmasse gleichmäßig darauf verteilen. Das Ganze nun einrollen und in eine ausgebutterte Bratpfanne legen und nochmals wiederholen.

Bei 180°C im Backofen die Strudel anbacken und mit der Mischung aus Milch und Sahne aufgießen. Strudel ebenfalls bei 180°C fertig backen.

Birnen-Quittenstrudel

Strudel:
- 275 g Mehl
- 1 Prise Salz
- 1 EL Öl
- 1 EL flüssige Butter

Füllung:
- 4 reife Birnen
- 2 Quitten
- 2 EL Mandelblättchen
- 150 ml Sauerrahm
- 50 ml Schlagsahne
- 3 EL gemahlene Haselnüsse
- Saft einer Zitrone
- 2 EL Zucker
- 4 EL Rum
- 20 g Sultaninen
- 30 g Butter
- 2 EL Puderzucker

Mehl, Salz Öl und 100 ml lauwarmes Wasser mischen und mit den Knethaken des Handrührers oder in der Küchenmaschine in etwa 10 Minuten zu einem glatten elastischen Teig verarbeiten. Den Teig zu einer Kugel formen, mit Butter bestreichen und in Folie verpackt bei Zimmertemperatur 2 Stunden ruhen lassen. Ein großes Küchentuch gleichmäßig mit Mehl einstäuben. Den Strudelteig so dünn wie möglich darauf ausrollen. Mit den flachen Händen unter die Teigplatte gehen und den Teig gleichmäßig über die Handrücken hauchdünn ausziehen.

Für die Füllung Birnen und Quitten schälen, entkernen und würfeln. Mandeln im Backofen bei 220°C hellbraun rösten. 2 Eßlöffel Haselnüsse mit den übrigen Zutaten in eine Schüssel geben und durchmischen.

Den Strudelteig mit zerlassener Butter bestreichen und mit den restlichen Haselnüssen bestreuen. Die Füllung in einem dicken Streifen auf eine Längsseite des Teigs geben. Dabei einen 5 cm breiten Rand freilassen. Den Strudel mit Hilfe des Tuches aufrollen, in eine gebutterte Form legen und im auf 200°C vorgeheizten Backofen 25 bis 30 Minuten backen. Den fertigen Strudel kurz abkühlen lassen, mit Puderzucker bestäuben und servieren.

Ebracher Weincreme

1/2 l Frankenwein	1 EL Zucker
4 EL Zucker	**Soße:**
1 Päckchen Vanille-puddingpulver	4 Eigelb
	4 EL Zucker
1 unbehandelte Zitrone	1/4 l fränkischer Rotwein
4 Eiweiß	

Den Frankenwein mit 4 Eßlöffel Zucker zum Kochen bringen. Vanillepuddingpulver anrühren und den Wein damit binden, Zitronenschale hinzugeben, kurz aufkochen und beiseite stellen.
Eiweiß mit 1 Eßlöffel Zucker steif schlagen und vorsichtig unter den fast noch heißen Weinpudding heben. Sofort in kalt ausgespülte Tassen abfüllen und kalt stellen.
Für die Soße Eigelb mit Zucker über Wasserbad verschlagen und zimmerwarmen Frankenrotwein nach und nach dazugeben und luftig aufschlagen.
Gut ausgekühlte Weincreme stürzen und mit dem Rotweinschaum überziehen.

Schmankerlcreme

2 Blatt Gelatine	4 cl Mandellikör
30 g Krokant	1 Eiweiß
2 Eigelb	1 EL Zucker
1 EL Puderzucker	1/4 l Schlagsahne

Gelatine in kaltem Wasser einweichen. Krokant fein mahlen oder zerstoßen.

Für das Wasserbad etwa handbreit Wasser in einem weiten Topf erhitzen. Eine Schüssel so in den Topf hängen, daß der Boden die Wasseroberfläche nicht berührt.

Eigelb und Puderzucker in die Schüssel geben und auf dem leise kochenden Wasserbad schlagen, bis die Mischung dicklich geworden ist. Schüssel vom Wasserbad nehmen und die Masse weiterschlagen, bis sie abgekühlt ist.

Gelatine ausdrücken, in heißem Mandellikör auflösen und unter den Eischaum mischen. Eiweiß zu steifem Schnee schlagen und 1 Eßlöffel Zucker unter Schlagen einrieseln lassen. 1/4 l Sahne steif schlagen.

Krokant, Eischnee und Sahne mit einem Schneebesen unter den Eischaum heben. Die Mischung in kalt ausgespülte Förmchen füllen und für 1 bis 2 Stunden kaltstellen.

Die Cremeförmchen kurz in heißes Wasser tauchen. Die Schmankerlcreme aus den Förmchen stürzen und mit marinierten Beeren anrichten.

Rohrnudeln mit Zwetschgenmus

20 g Hefe	1 Prise Salz
250 g Mehl	1 Ei
30 g Butter	etwas lauwarme Milch
30 g Zucker	30 g Butter zum
Schale einer halben	Aus- und
unbehandelten Zitrone	Bestreichen

Hefe in etwas lauwarmer Milch auflösen, 1 Eßlöffel Mehl dazugeben und an einem warmen Ort stehen lassen. Mehl mit dem Hefesatz, Butter, Zucker, Zitronenschale und Salz, mit dem Ei und etwas lauwarmer Milch zu einem glatten, halbfesten Teig verarbeiten.

An einem warmen Ort zugedeckt gehen lassen, zusammenschlagen und daraus ca. 50 Gramm schwere Stücke abschneiden. Diese Stücke zu runden Kugeln formen und in eine ausgebutterte Pfanne locker nebeneinandersetzen, zudecken und in fast doppelter Größe aufgehen lassen.

Im vorgeheizten Backofen bei 180 °C goldgelb ausbacken und sofort mit warmer Butter bestreichen.

Noch warm servieren und Zwetschgenmus dazu reichen.

Topfenknödel mit Zwetschgenröster

50 g Butter	120 g geriebenes Weißbrot
3 EL Zucker	100 g Semmelbrösel
etwas abgeriebene Schale einer unbehandelten Zitrone	1 EL Zucker
3 Eier	**Zwetschgenröster:**
Salz	400 g Zwetschgen
1 Vanilleschote	4 EL Zucker
700 g Magerquark	1 Zimtstange
	1 EL Zitronensaft

Butter und Zucker sowie Abgeriebenes von der Zitrone schaumig schlagen, Eier nach und nach untermischen, etwas Salz und Vanillemark beigeben und gut verrühren. Nun abwechselnd Topfen und Weißbrotbrösel untermischen. Das Ganze eine Stunde stehen lassen.
Die Masse zu schönen runden Kugeln von etwa 90 Gramm formen.
In einen Topf mit kochendem Wasser etwas Salz geben, die Knödel einlegen, einmal aufkochen lassen und danach ca. 10 bis 12 Minuten ziehen lassen, nicht kochen.
Unterdessen 100 Gramm Semmelbrösel oder Weißbrotbrösel mit 1 Eßlöffel Zucker in der Pfanne rösten lassen. Wenn die Knödel fertig sind, herausnehmen, kurz auf einem Tuch abtropfen lassen und in den gerösteten Bröseln wenden.
Für den Zwetschgenröster die gewaschenen und entsteinten Früchte mit Zucker bestreuen und 1 Stunde Saft ziehen lassen. Im geschlossenen Topf mit dem Saft und etwas Wasser bei kleinster Hitze weichschmoren. Zimt und Zitronensaft zugeben und den Zwetschgenröster auf der abgeschalteten Herdplatte langsam abkühlen lassen. Die Gewürze entfernen und zu den Topfenknödeln servieren.

Rahmcreme mit Hiffenmark

1/2 l Milch	9 Blatt weiße Gelatine
1 Vanilleschote	
4 Eigelb	120 g Hiffenmark
120 g Zucker	etwas Obstler oder
1/2 l Sahne	Himbeergeist

Milch mit dem ausgeschabten Vanillemark zum Kochen bringen. Eigelb mit Zucker glatt verrühren und die heiße Vanillemilch unter ständigem Rühren unter die Ei-Zuckermasse geben.
Die in Wasser eingeweichte Gelatine gut ausdrücken und unter die noch warme Milchmasse geben, damit sie sich auflöst.
Masse beiseite stellen und auf Zimmertemperatur abkühlen lassen. Sahne steifschlagen und unter die abgekühlte Milchmasse rühren. Sofort in kalt ausgespülte Tassen oder Formen abfüllen und noch warm in den Kühlschrank stellen.
Nach einigen Stunden die Creme stürzen. Hiffenmark mit etwas Obstler oder Himbeergeist leicht flüssig rühren und die Creme damit überziehen.

Rhabarberdatschi mit Vanilleeis

700 g Rhabarber	50 g Marzipanrohmasse
75 g Zucker	
150 g Butter-Blätterteig	1 Ei
	25 g Mehl
50 g Butter	1 bis 2 EL
50 g Zucker	Erdbeergelee

Rhabarber putzen, die Stielansätze entfernen, kurz waschen, mit einem Messer schälen, in gleich große Würfel oder Streifen schneiden, mit dem Zucker bestreuen und ca. 1 Stunde ziehen lassen.
Blätterteig dünn ausrollen und mit einer kleinen Form oder Schüssel 4 Kreise von etwa 12 bis 14 cm Durchmesser ausstechen. Teigkreise kaltstellen.
Butter, Zucker, Marzipan und Ei schaumig schlagen, am Schluß das Mehl untermischen.
Die Blätterteigböden ca. ½ cm dick mit Marzipanmasse bestreichen, am Blätterteigrand ca. 1 cm freilassen, damit der Teig an der Seite hochbäckt.
Den Rhabarber auf ein Sieb schütten, den Saft abfangen.
Nun die Rhabarberwürfel zu gleichen Teilen auf die Blätterteigböden mit der Marzipanmasse geben und diese auf einem Backblech mit Backpapier bei 220 °C ca. 15 Minuten ausbacken.
Das Erdbeergelee mit dem Rhabarbersaft gut verkochen, bis es eine nicht zu dünne Glasur gibt.
Sind die Datschi fertig, mit dem warmen Gelee bestreichen und mit dem Vanilleeis servieren.

Gebackene Grießschnitten mit Mirabellenkompott

1/2 l Vollmilch	Etwas Öl für die
2 EL Zucker	Form
abgeriebene Schale einer	**Panade:**
halben unbehandelten	1 Ei, 1 Eigelb
Zitrone	1 Tasse Semmelbrösel
2 Messerspitzen Zimt	Butter zum Aus-
150 g Grieß	backen

Die Milch mit Zucker, der Zitronenschale und dem Zimt zum Kochen bringen. Grieß unter ständigem Rühren einlaufen lassen und zu einer festen Masse einkochen.
Flache Form oder Blech mit Pergamentpapier auslegen und mit Öl dünn bestreichen.
Grießmasse einfüllen und ca. 1½ cm aufstreichen. Das Ganze gut auskühlen lassen und anschließend daraus ca. 4 cm breite und 8 cm lange Rechtecke schneiden.
Die Rechtecke in verschlagenem Ei und Eigelb wenden und in Semmelbrösel wenden. In heißer Butter die Grießschnitten goldgelb ausbacken.
Dazu reicht man eingemachte Mirabellen.

Grießauflauf mit Kirschkompott

Kirschkompott:	45 g Butter
500 g Süßkirschen	1 Prise Salz
0,4 l Kirschsaft	abgeriebene Schale einer
1 EL Zucker und	unbehandelten Zitrone
2 EL Zitronensaft	6 Eiweiß
nach Geschmack	45 g Zucker
Auflauf:	6 Eigelb
0,7 l Milch	etwas Butter und
90 g Grieß	Zucker für die Form

Die Kirschen entsteinen und den Saft aufkochen. Die Früchte 5 Minuten darin gar ziehen lassen. Saft abgießen und diesen noch 5 Minuten einkochen. Eventuell mit Zucker und Zitronensaft abschmecken. Die Früchte in dem Sud am besten einen halben Tag ziehen lassen.
Die Milch zum Kochen bringen und den Grieß einrühren. Butter, eine Prise Salz und Zitronenschale zugeben und den Grieß bei reduzierter Hitze ca. 15 Minuten ausquellen lassen. Den Brei erkalten lassen.
Das Eiweiß zu Schnee schlagen, dabei den Zucker nach und nach zugeben. In einer separaten Schüssel die Eigelbe verrühren, den erkalteten Grieß damit vermischen und glattrühren. Den Eischnee unterheben.
Auflaufförmchen (ca. 8 cm Ø) mit Butter einfetten und mit Zucker ausstreuen. Auf dem Herd Wasser in einem flachen feuerfesten Gefäß zum Kochen bringen. Die Auflaufmasse in die Förmchen einfüllen und diese in das kochende Wasser setzen. Die Förmchen sollten mindestens zwei Drittel im Wasser stehen. Bei 250 °C im Ofen ca. 20 Minuten garen.
Die Kirschen anrichten und den warmen Grießauflauf dazu servieren.

Küchenglossar

Küchenfränkisch | Küchenbayerisch

Küchenfränkisch		Küchenbayerisch	
Backers	Reibekuchen	Backerl	Backen, hier: vom Kalb
Blaue Zipfel	Bratwürste in Essigsud gegart	Böfflamott	Rinderbraten, vom franz. »Bœuf à la mode«
Bröckerla	geröstete Weißbrotwürfel zur Kloßfüllung	Brez'n	Brezel, Laugenbreze
		Buchterln	Hefegebäck
Fleck	Sauere Kutteln	Dampferl	Hefe-Vorteig
Fleischküchla	Frikadellen	Datschi	Hefeblechkuchen mit Obst belegt
Genspfeffer	Innereien von der Gans mit blutgebundener Soße	Dotschn	Steckrübe
Geräuchert's	Durchwachsener, geräucherter Bauchspeck	Fleckerl	Kleine viereckige Stücke
		Gangerl	Kleiner Gang in einem Menü, Zwischengericht
Gretlfleisch	frisch gekochtes Fleisch beim Schlachtfest	Gansljung	Gänseklein: Magen, Flügel und Herz
Grüne Klöße	Rohe Klöße		
Häfaknedla	Hefeknödel	Gelbe Rüben	Karotten
Häferla	kleines Kochgeschirr	Grammel	Grieben, ausgebratene Speckwürfel
Halbseidene Klöße	Gekochte Kartoffelklöße		
Hiffenmark	Hagebuttenmarmelade	Hax'n	Keulen
Hofen	größerer Kochtopf	Holler	Holunder
Kerwakrapfen	ausgezogene Krapfen	Kletz'n	Getrocknete Birnen
Kesslsupp'n	Fleisch und Wurstbrühe vom Schlachtfest	Kraut	Feingeschnittenes, geschmortes Gemüse
Kirschenmännla	Kirschanauflauf	Kren	Meerrettich
Knöchla	Eisbein	Kücherl	Kleine Kuchen
Knörtzla	Brotanschnitt	Laiberl	Kleine Laibe, Klopse
Krautstücht	Aufbewahrungsgefäß für Sauerkraut aus Holz oder Ton	Maultaschen	Gefüllte Nudeln
		Nockerl	Kleine ovale Klöße
		Pfanzl	Frikadellen, Fleischplätzchen
Krautwickerla	Kohlrouladen		
Mafisch	kleine Mainfische	Reherl	Pfifferlinge
Peterla	Petersilie	Rote Rüben	Rote Bete
Porree	Lauch	Schmarrn	Eierkuchen, beim Braten in kleine Stücke zerteilt
Rapunzelsalat	Feldsalat		
Schäuferle	Schulterblatt vom Hasen, Reh oder Schwein	Schöberl	Suppeneinlage, gebackene Rhomben
Semmel	Brötchen	Schwammerl	Pilze
Stopfer	Kartoffelpüree	Semmel	Brötchen
Wasserschiff	eingebauter Heißwasserbehälter im Kochherd	Supperl	Süppchen
		Topfen	Quark
Weckklöß	Semmelknödel	Vogerlsalat	Feldsalat
Weckla	Semmel, Brötchen	Wammerl	Durchwachsener Speck, Bauchspeck